Coordinado po
Jesús Alcoba y Lola Mora

# CÓMO CONSTRUIR LA
# EXPERIENCIA
# DE EMPLEADO

MADRID | CIUDAD DE MÉXICO | BUENOS AIRES | BOGOTÁ
LONDRES | NUEVA YORK
SHANGHÁI | NUEVA DELHI

Colección Acción Empresarial de LID Editorial
www.LIDeditorial.com

A member of:

businesspublishersroundtable.com

© Jesús, Alcoba, Lola Mora, David Barroeta, Silvia Forés, Álvaro Vázquez,
    Carlos Monserrate, Ana Gómez, Alba Herrero, Esther Poza y José Serrano 2022
© Jorge Martínez-Arroyo 2022, del prólogo
© Mar Pieltain 2022, del epílogo
© Editorial Almuzara S.L. 2022 para LID Editorial, de esta edición.

EAN-ISBN13: 978-84-11310-06-2
Directora editorial: Laura Madrigal
Corrección: Cristina Matallana
Maquetación: produccioneditorial.com
Diseño de portada: Juan Ramón Batista
Impresión: Cofás, S.A.
Depósito legal: CO-386-2022

Impreso en España / Printed in Spain

Primera edición: marzo de 2022

Te escuchamos. Escríbenos con tus sugerencias, dudas, errores que veas o lo que tú quieras. Te contestaremos, seguro: *info@lidbusinessmedia.com*

# ÍNDICE

# PRÓLOGO

¿Recuerdas alguna experiencia que te haya impactado en las últimas horas? ¿Con tus compañeros de trabajo? ¿Al utilizar algún servicio? ¿Con tus familiares o amigos? Hoy demandamos y producimos a diario cientos de experiencias en el mundo personal, laboral y, por supuesto, comercial.

Vivimos en la economía de la experiencia. Tal como establecieron en 1998 Joseph Pine y James Gilmore, hemos pasado de una economía extractiva a otra de producto, después a una economía de servicio y, por último, a la economía de la experiencia. Entendemos esta *experiencia* como el conjunto de bienes y servicios diseñados por las empresas para generar emociones que vinculen a los clientes. Sirvan de ejemplo los cumpleaños infantiles con piscina de bolas en donde la tarta de cumpleaños, antes el producto estrella de la celebración, ha pasado a ser un elemento irrelevante dentro de la experiencia total del evento.

El porqué de la gran fuerza que tiene la economía de la experiencia y todas sus derivadas (de cliente, de empleado, de paciente, de alumno, de candidato o de ciudadano) es muy simple: la gran mayoría de nuestras decisiones se basan en lo que hemos percibido y sentido en experiencias anteriores.

Como ya han demostrado los autores de la economía conductual *(behavioral economics)*, como el premio nobel Richard Thaler, nuestras decisiones no suelen ser racionales. De hecho, desde un punto de vista puramente fisiológico, el sistema límbico o cerebro emocional toma decisiones de manera inmediata e inconsciente mucho antes de que activemos nuestro modelo de decisión racional consciente. Prueba de ello es que las personas con lesiones en su cerebro emocional ven gravemente afectada la capacidad de razonar y tomar decisiones.

Durante el siglo XXI hemos visto cómo las empresas más exitosas han desarrollado metodologías, tecnologías y programas para ser realmente *customer centric*. Su objetivo es crear un modelo de crecimiento sostenible en el tiempo basado en el conocimiento del cliente y en la entrega de experiencias rentables y memorables.

En los más de ocho años que llevamos trabajando en la Asociación para el Desarrollo de la Experiencia de Cliente (DEC) en esta materia hemos llegado a tres conclusiones: la primera, que la Experiencia de Cliente (CX) empieza y termina con el empleado; la segunda, que igual que podemos orientar una organización de forma efectiva hacia el cliente, también podemos y debemos hacerlo hacia el empleado, y la tercera, que para desarrollar la Experiencia de Empleado (EX) hemos de apalancarnos en las herramientas de la CX. Tanto clientes como empleados somos personas y, por tanto, ambos respondemos ante una experiencia diferencial, homogénea y auténtica.

Este libro es la piedra angular en el impulso que desde DEC queremos dar a la Experiencia de Empleado como función estratégica en las empresas. Su objetivo es, partiendo del *framework* de la Onda del Empleado que diseñamos en 2020, ser la referencia en esta disciplina y la base del desarrollo de conocimiento de los profesionales.

Desde aquí quiero agradecer a todos los expertos que han aportado su conocimiento y su tiempo a este libro, en particular, a Juan Antonio Esteban, director de RR. HH. de ALSA, que mostró su interés por formar parte de este proyecto. Esperamos que se sienta orgulloso del trabajo que hemos realizado en esta obra, que desafortunadamente no llegó a ver.

Gracias a todos por ayudar a que nuestras organizaciones sean más humanas y así tengamos una mejor razón para ir a trabajar a diario. Espero que disfrutéis de estas páginas.

Jorge Martínez-Arroyo
Fundador de la Asociación para el Desarrollo
de la Experiencia de Cliente (DEC)

# INTRODUCCIÓN

La función de Recursos Humanos ha sido cuestionada en los últimos tiempos. El auge que experimentó hace décadas se ha ensombrecido en parte por los interrogantes sobre su aportación al negocio y por las muchas voces que prefieren hablar de personas en lugar de referirse a ellas como *recursos*.

Son muchos los profesionales que piensan que Recursos Humanos debe renacer y ocupar el espacio que le corresponde dentro de la creación de valor. Pero hasta hace más bien poco nadie sabía cómo hacerlo. Es en ese contexto donde surge la Experiencia de Empleado, una evolución para algunos y una revolución para otros:

- Un nuevo enfoque que permite aglutinar y dar sentido a los esfuerzos de toda la organización en la consecución de grandes objetivos globales, como la innovación o la transformación digital.
- Una nueva manera de hacer que incrementa de manera sustantiva el compromiso, la dedicación y la lealtad del empleado porque contempla el trabajo como experiencia vital y promueve el alineamiento del propósito del empleado con el de la compañía.
- Un concepto renovador que facilita la integración de los proyectos de cultura y talento al situarlos dentro de un contexto de experiencia global de marca.

- Una nueva mirada que persigue aumentar el índice de recomendación de la empresa, contribuyendo así a mejorar su marca empleadora *(employer branding)* y sirviendo de apoyo en la lucha por el talento.
- Una bocanada de aire fresco que puede mejorar la percepción del departamento de Recursos Humanos por parte de sus clientes internos dentro de la compañía y contribuir a la marca personal de sus responsables al hacerles protagonistas de una función estratégica directamente conectada con el negocio.

Lejos de ser una filosofía o un conjunto de teorías, la Experiencia de Empleado proporciona herramientas concretas para conectar con todos los profesionales de la organización, incluyendo las nuevas generaciones, e incorpora indicadores específicos que facilitan la evaluación.

Si cuidar de nuestros clientes supone hacerlo de la fuente generadora de ingresos, vincular a nuestros empleados y alinearlos a favor de la experiencia de cliente constituye la base de un modelo de gestión que genera una nueva cultura con un alto impacto en la creación de valor.

Esta (r)evolución de la función de Recursos Humanos supone una invitación a constituirse como impulsores de este nuevo modelo de gestión que va en beneficio de los trabajadores y, por tanto, de los clientes y de los resultados.

Por todos esos motivos, la Experiencia de Empleado constituye el enfoque clave para construir sentido y un verdadero compromiso con la organización. Este libro explica cómo hacerlo.

# MARCO DE REFERENCIA

## Mayores compromisos a través de mejores experiencias

### 1. El reto del compromiso y la implicación

Con cierta frecuencia llegan a nuestras manos diferentes estudios e investigaciones que ponen de manifiesto, una y otra vez, las dificultades que tienen las organizaciones para lograr unos niveles altos de compromiso de sus empleados. Así, el informe de la empresa Gallup, uno de los más relevantes y citados en este ámbito, vuelve a advertir en su última edición, haciendo referencia a datos de 2020, que el 80 % de los empleados, globalmente, manifiestan no estar comprometidos o sentirse directamente desenganchados de sus trabajos y organizaciones (Gallup, 2021).

A poco que se explore en este campo, es posible encontrar otros estudios de características similares que arrojan resultados muy parecidos. El *Global Workplace Study 2020* de ADP Research

Institute, por ejemplo, en una reciente investigación realizada sobre una muestra de más de 26 000 empleados en distintos países, confirma que apenas un 14 % de los trabajadores se sienten plenamente comprometido (ADP, 2020). Otro tanto nos aportan los informes de distintas consultoras que, salvando ligeras diferencias entre países, muestran que esta realidad está bastante generalizada.

Lo que parece claro es que hay bastante consenso —al menos eso es lo que se deduce de los distintos informes en esta materia— en cuanto a la acusada dificultad que tienen muchas empresas y organizaciones para generar el nivel de implicación deseado en sus empleados.

Todo ello no deja de ser un grave problema o, si se prefiere, un reto de primer orden, ya que, por otro lado, también disponemos de suficientes evidencias y estudios que muestran la clara influencia que los niveles de implicación y compromiso tienen sobre esas mismas empresas y organizaciones en términos puramente financieros y de negocio, sean ingresos de explotación, crecimiento neto o rendimiento por acción. Así lo pone de manifiesto, por ejemplo, Silvia Damiano, autora del libro que lleva por título precisamente *Implícame,* cuando hace referencia a distintos estudios de ISR, Towers Watson o Conference Board que apuntan de manera inequívoca en esta misma dirección (Damiano, 2011).

Y no solo eso; podemos encontrar los efectos en otros múltiples aspectos que definen el éxito y la eficacia de una organización. Otra muestra: niveles altos de compromiso han mostrado, entre otras cosas, mayor capacidad de reclutamiento por parte de compañías y organizaciones capaces de generarlo, ya que tienen entre sus trabajadores a los mejores embajadores de marca de empleador *(employer branding)*. Así, el 90 % de los empleados de Airbnb, por ejemplo, han recomendado a algún amigo su empresa como un lugar excelente de trabajo (Meister y Mulcahy, 2017).

Otro tanto ocurre con los niveles de absentismo. Roberto Luna nos recuerda hasta qué punto «las estrategias que cuidan las condiciones laborales y el compromiso y *engagement* de los empleados pueden reducir el absentismo por enfermedad» (Luna, 2018).

De igual forma y abundando en estos efectos, podemos encontrar evidencias de la estrecha conexión existente, por ejemplo, entre el compromiso de los empleados y los índices de satisfacción y recomendación de los clientes. Bruce Temkin incluye en su obra *Las 6 leyes de Experiencia de Cliente* una que queda enunciada en estos mismos términos que viene a decir directamente que unos empleados no comprometidos no pueden crear clientes comprometidos. Así de claro y contundente (Temkin, 2008). Además, Temkin recuerda que ya en 1994 la *Harvard Business Review* publicó un artículo titulado *Putting the Service-Profit Chain to Work* donde se explicaba con nitidez el mecanismo subyacente de todo esto. El beneficio y el crecimiento, afirmaban los autores de dicho trabajo, se generan gracias a la fidelidad de los clientes, que es fruto de su satisfacción, y esta, resultado del valor del servicio que se entrega al cliente, y este, a su vez, lo originan trabajadores satisfechos, leales y productivos (Heskett, Loveman, Jones, Sasser y Sclessinger, 1994).

Siendo esta correlación entre niveles de compromiso y resultados de negocio tan alta y tan evidente para todos los expertos y profesionales dedicados a la gestión de las personas, sorprende más, si cabe, que una gran mayoría de empresas y organizaciones no sean aún capaces de articular mecanismos y desarrollar prácticas que permitan lograr mayor implicación.

Quizás una de las principales dificultades provenga de la complejidad del concepto en sí. No cabe duda de que el compromiso, como tal, resulta difícil de definir de manera precisa. Lo es, de hecho, para los propios teóricos e investigadores. Y si no es fácil su definición para los expertos, podemos deducir lo complicado que resulta para muchos gestores a la hora de entender e identificar las palancas que hacen que sus colaboradores sientan mayor vinculación afectiva con su trabajo y con la organización a la que pertenecen.

Y, por cierto, hay que recalcar aquí la idea de vinculación afectiva a la que hacemos referencia porque el tipo de compromiso que más nos interesa, como se verá más adelante, tiene que ver fundamentalmente con las emociones y con los afectos que las compañías son capaces de despertar en sus empleados, lo que añade un factor adicional de complejidad.

Sin embargo, pesar de esos inconvenientes y dificultades, es absolutamente necesario hacer una aproximación lo más certera posible a esta idea. Como se está viendo, lo que está en juego es el propio negocio, e incluso la manera en la que se requiere la generación de ventaja competitiva, y mucho más en un entorno tan exigente como aquel en el que nos vemos envueltos y que nos espera en los próximos años.

Como se ha apuntado, no han sido pocos los trabajos de investigación que han tratado de caracterizar la idea de compromiso. Si recurrimos a una definición clásica, podríamos entenderlo, siguiendo a Meyer y Allen, como el deseo de trabajar en esa organización en concreto antes que en otras. Y este deseo es un sentimiento afectivo, una emoción que induce además a realizar esfuerzos extraordinarios. La manifestación conductual de ese esfuerzo adicional resulta observable en términos de contribución al éxito de un proyecto común, propuestas de mejora, iniciativas altruistas y mayor grado de flexibilidad y adaptabilidad a un entorno cambiante, por señalar unos ejemplos. Algunos autores caracterizan también ese estado de implicación como más proclive a mantener conductas éticas y a respetar principios y valores comunes.

Por cierto, parece oportuno aprovechar la ocasión para subrayar algo que hacen los propios autores: conviene prestar atención para no confundir este compromiso con otros tipos de compromisos derivados, bien de la falta de alternativas, bien de la mera obligación (Meyer y Allen, 1991).

Aquí se trata, como se ha señalado anteriormente, de ese compromiso que surge del afecto y de la emoción positiva, un compromiso más genuino y no generado por otro tipo de circunstancias que, más que comprometer, obligan a la persona a aceptar sin más lo que le viene impuesto.

Luna, apoyándose en distintos trabajos (entre ellos los de los propio Meyer y Allen y Meyer y Herscovith, pero también los de Albrecht), concluye que efectivamente se trata de un estado psicológico, que puede influir en la conducta de forma relevante en términos de desempeño. Esto hace que la productividad de muchas organizaciones dependa en gran medida de ese compromiso. De manera —y esto debería tener especial relevancia para nosotros— que hay bastante consenso en considerar la implicación y el compromiso organizativo «un ingrediente clave en el diseño de organizaciones de alto rendimiento» (Luna, 2018).

Para Alfonso Jiménez el compromiso es igualmente el factor más importante del desempeño organizativo, que responde a múltiples variables y tiene además consecuencias de distinto tipo, donde destacan el deseo de permanencia de la persona en la empresa, así como la «generación de desempeños diferenciales claramente sobresalientes» (Jiménez, 2006).

Lo que queda claro, a pesar de lo resbaladizo que puede resultar este empeño, es que son muchas las compañías, los directivos y los teóricos del *management* que marcan ese territorio como un espacio que necesariamente se debe conquistar. En todo caso, ese esfuerzo pasa por entender bien cuáles son sus mecanismos y cómo se producen y por comprender qué hace que alguien esté implicado y, lo que es más importante, por saber cómo podemos intervenir para favorecer ese compromiso tan deseado.

## 2. Relevancia actual

De entrada, como acaba de argumentarse, hay una razón de peso suficiente: los numerosos casos y evidencias que se encuentran, donde queda probada la correlación entre compromiso, eficacia organizativa y resultados de negocio. Esta relación se ha ido poniendo de manifiesto con mayor notoriedad en la medida en la que han ido surgiendo progresivamente informes y estudios que han soportado dicha tesis.

Además, hay circunstancias actualmente que animan a poner el foco de nuevo y con mayor énfasis sobre este asunto. Esas circunstancias, siguiendo a Camilla Hillier-Fry, podrían ser tanto de carácter externo como interno a la organización. Entre los factores externos deberíamos distinguir los que tienen que ver con la creciente competitividad de nuestros mercados, que busca palancas de diferenciación intangibles relacionadas directamente con los conocimientos y habilidades de los propios empleados (Hillier-Fry, 2006).

Podemos pensar, por ejemplo, qué pueden suponer en este sentido determinados retos competitivos, como la acelerada transformación digital o la marcada orientación hacia la Experiencia de Cliente (CX) a la que hacíamos antes referencia, por no mencionar otros también evidentes, como el empuje incansable hacia la innovación de manera permanente. Todos estos desafíos requieren esa alta movilización de conocimientos y competencias, también una clara voluntad de aprendizaje continuo y, adicionalmente, precisan una alta implicación de sus trabajadores.

En términos de transformación digital, por ejemplo, son frecuentes las advertencias que hacen los expertos y consultores en el sentido de que no es suficiente saber elegir las tecnologías adecuadas, sino lograr que las personas asuman y se sientan parte de esa estrategia. «Más del 84 % de estas iniciativas fracasan porque no tienen en cuenta que la transformación digital es un proceso eminentemente humano cuyo éxito depende fundamentalmente de las personas involucradas», apunta un informe de la consultora BTS recogido en el diario *La Información* (la información.com 2019).

Por otro lado, siguiendo a Hillier-Fry, también hay importantes motivos de carácter interno que tienen que ver con la manera en la que están evolucionando las organizaciones, por ejemplo, hacia una mayor descentralización de las decisiones, modelos de liderazgo más orientados a la delegación y la participación de los colaboradores o metodologías ágiles que requieren un alto grado de proactividad y autonomía. Todos plantean también la necesidad de generar entornos de alto compromiso e implicación. Para Frederic Laloux estamos en un momento de desarrollo de nuestras organizaciones en el que estas están a punto de dar un salto en su «escala evolutiva» que está llevando a modelos alejados del clásico «mando y control». Se trata de modelos basados en un claro empoderamiento y prácticas de autogestión —algo que, por cierto, también ha señalado anteriormente Damiano como una clave de implicación— donde se construyen culturas con valores compartidos (Laloux, 2018).

Daniel Pink preocupado por entender bien los auténticos mecanismos de la motivación, invita a cuestionarnos, sin demasiados paliativos, esa política de incentivos basada en «el palo y la zanahoria», práctica muy poco adecuada en un entorno que necesita precisamente estos altos niveles de involucración a los que nos venimos refiriendo. En su tesis señala la autonomía como uno de los pilares básicos de lo que él llama *motivación 3.0*. Es decir, revindica ese estado en el que las personas hacemos lo que hacemos porque queremos y porque sabemos que es lo que tenemos que hacer (Pink, 2010).

En este apartado se debería incluir también algo no menos relevante: el propio cambio social y el modo en el que las nuevas generaciones quieren relacionarse con las empresas en las que trabajan, una relación donde, por ejemplo, importa mucho que la otra parte, en este caso la compañía, entienda con claridad el estilo de vida y las aspiraciones profundas de su empleado y trate de responder a ellos. Dicho cambio social, por cierto, tampoco es exclusivo de una generación, pues todos de alguna forma hemos variado nuestras expectativas y aspiraciones, actuemos como clientes, trabajadores o ciudadanos. En este sentido son muy interesantes trabajos como el de Aon Hewitt de 2016 titulado *Managing Millennials: changing perspectives for a changing workforce* (Aon, 2016), donde se pone de manifiesto que los *millennials,* la generación nacida a principios de la década de 1980 y durante la de 1990, ya están demandando organizaciones más flexibles, con fórmulas de trabajo que les permitan tomar el control de su propia agenda o que aprovechen la tecnología al máximo para crear entornos más interactivos. Esperan, por ejemplo, una comunicación más directa con sus jefes o un modelo de compensación global donde el salario sea solo una parte y donde adquieran especial protagonismo otros elementos, como la conciliación, los programas de bienestar o el propio entorno físico de trabajo.

## 3. ¿Cómo lograr esa mayor implicación y compromiso de los empleados?

Según hemos visto anteriormente, una de las razones por las que los gestores encuentran una alta dificultad a la hora de gestionar el compromiso es la propia complejidad para entender el concepto mismo, pero también cómo identificar con claridad los factores que intervienen directamente en su generación y, en consecuencia, las palancas que las organizaciones deberían activar para poder influir en ello.

No obstante, distintos estudios muestran con bastante nitidez algunas claves de gestión que se han mostrado efectivas en este sentido y que, por otro lado, han permitido elaborar modelos suficientemente consistentes. La presente propuesta, que precisamente tiene su origen en ese convencimiento, se sirve de metodologías y prácticas que nos consta que han resultado exitosas en distintos ámbitos.

Damiano, tras su investigación sobre los factores determinantes que manifiestan las personas acerca de por qué se sienten implicadas en su trabajo o en las organizaciones en las que trabajan, llega a la conclusión de que son tres los que resultan críticos: el disfrute con el trabajo, el vínculo emocional que sienten con sus líderes y el empoderamiento y la autonomía con los que pueden desempeñar su trabajo (Damiano, 2011).

Para Jacob Morgan ese compromiso es consecuencia directa de la experiencia que vivan las personas dentro de la organización, que tiene tres fuentes fundamentales: el entorno físico de trabajo y el espacio, la tecnología que los empleados tienen a su disposición para poder realizar un buen desempeño y la cultura que alimenta la empresa a través de unos valores, de un propósito (Morgan, 2017).

Para Jeanne C. Meister y Kevin J. Mulcahy la clave está igualmente en cómo las organizaciones son capaces de gestionar la relación con sus trabajadores en términos experienciales, y para ello desarrollan una hoja de ruta con diez reglas esenciales donde la tecnología, el modelo de aprendizaje, la agilidad y la digitalización, por ejemplo, forman parte de ese decálogo de gestión (Meister y Mulcahy, 2017).

En este punto es oportuno llamar la atención sobre el componente subjetivo que contemplan todos estos enfoques que ya habíamos avanzado con anterioridad. Es decir, incorporan en su planteamiento la percepción y la interpretación del propio empleado acerca de esa vivencia profesional que está teniendo. En otras palabras, siendo importante, no bastan la intención o las iniciativas puestas en marchas desde la organización, sino que también se precisa la manera en la que esas prácticas son recibidas y entendidas por aquellos y aquellas a quienes van dirigidas.

Por otro lado, no deja de ser relevante que prácticamente todos esos trabajos coincidan en algunos elementos de especial criticidad, como el modelo de liderazgo y el estilo de dirección o de *management* que impera en la compañía, lo que incorpora ya una idea bastante certera de en qué ámbito de la realidad organizativa se dirime este asunto.

En este sentido, la dedicación de los empleados, dice Dave Ulrich, es resultado de un líder que comparte una visión clara comunicando una intención y una agenda (Ulrich, 1999). De la misma manera, para Meister y Mulcahy esos líderes deben construir sus competencias en torno a dos dimensiones fundamentales: la capacidad para poner el foco y producir resultados y la habilidad para generar compromiso *(engagement)* en sus colaboradores. Esta segunda dimensión, a su vez, tiene tres palancas fundamentales: la capacidad para desarrollar prácticas que permitan configurar equipos de alto rendimiento, lograr gestionar la diversidad y la inclusión y la capacidad para atender el desarrollo y aprendizaje de las personas (Meister y Mulcahy, 2017).

El líder se convierte así en una pieza clave en este proceso y, como se verá a lo largo de este trabajo, en un factor esencial que articula el paradigma de Experiencia de Empleado (EX). Dicho de otra manera: se debe a los jefes gran parte de la afección o desafección que se siente por la empresa y por el trabajo que se realiza. En conclusión, los responsables y directivos han de asumir la cuota que les toca en ese sentido. Por ello es muy importante hacer un esfuerzo para evidenciar a nuestros supervisores, a las personas que en definitiva tienen a otras a su cargo, hasta qué punto su manera de dirigir, su forma de relacionarse, tiene una influencia decisiva en esa EX. Por otro lado, hay que añadir que es responsabilidad de la organización dotar de capacitación, recursos y herramientas a esos mismos *managers* para que puedan desempeñar este rol de forma correcta.

Pero hay algo más: hemos hablado desde el principio de que ese compromiso y esa implicación tienen un importante componente afectivo que no se debe perder de vista. Eso significa que obtenemos una emoción positiva o negativa en la relación y que ese afecto es consecuencia de una satisfacción laboral especialmente gratificante o todo lo contrario. Se construya el modelo que se quiera, no podemos hacerlo desde un aspecto puramente racional, no podemos hacerlo pensando sencillamente que eso resulta bueno objetivamente para la persona; es necesario buscar el impacto emocional. Aunque suene idílico, hay que llegar al corazón.

## 4. Las empresas están avanzando en ese camino con sus clientes

De cualquier manera, estos modelos de relación, donde importa especialmente el impacto emocional y el sentimiento que se genera, ya se están trabajando en muchas organizaciones. Lo están aplicando de hecho numerosas firmas de cara a sus clientes, y los resultados muestran que definitivamente está funcionando. ¿Qué han hecho? En primer lugar, un enorme ejercicio de empatía tratando de entender cómo los clientes se relacionan con la empresa a la que acuden interesados por sus productos o servicios, un esfuerzo que va más allá de caracterizar y segmentar desde una óptica sociodemográfica, pues implica ponerse realmente en los zapatos del cliente y sentir lo que ellas y ellos sienten. Lo importante de este ejercicio consiste en identificar con claridad dónde están los momentos especialmente relevantes en esa relación desde el punto de vista subjetivo del cliente, no los que la compañía cree que son importantes, sino los que al cliente le impactan de verdad y le hacen decidir si lo que esa empresa es y le ofrece merece su total confianza y fidelidad.

Este enfoque es el que se ha dado en llamar *gestión de la experiencia de cliente* (CX), y tiene algún elemento más que se debería tener en cuenta, sobre todo porque se puede extrapolar casi tal cual a la EX. Por ejemplo, que el modelo nos lleva necesariamente a poner el foco en esos momentos clave, en esas interacciones que acabamos de señalar como especialmente relevantes para el cliente y que, en consecuencia, se tienen que monitorizar para saber si están siendo suficientemente satisfactorias o, mejor dicho, muy satisfactorias, pues lo que se busca es, en definitiva, lograr un alto impacto.

Pero el modelo exige más aún. La organización tiene que ser capaz de rediseñar los momentos que no alcanzan ese impacto deseado, y debe hacerlo de manera que supere las expectativas de su cliente. Y además es imprescindible que en todo ese proceso se implique a la empresa en su conjunto porque es toda ella la que, de modo directo o indirecto creará esa experiencia.

Y debemos seguir añadiendo componentes del sistema, que tiene que ser integral y con alcance estratégico. Por ejemplo, hay otro que ha de contemplarse: la generación de dispositivos organizativos que sirvan para canalizar lo que el cliente nos dice y que puedan accionar la maquinaria de la empresa para que reaccione con rapidez y responda a lo que aquel espera. Ese cerrar el ciclo *(close the loop)* es determinante para lograr operativizar el modelo de manera eficaz.

En definitiva, las organizaciones, convencidas de que una mayor vinculación emocional con el cliente puede reportarle importantes resultados en términos de diferenciación y ventaja competitiva (y, en consecuencia, de negocio), ponen en marcha una maquinaria pensada para entender mejor al cliente, saber qué piensa y qué siente, identificar qué le importa realmente desde un punto de vista subjetivo y reaccionar con rapidez ante sus expectativas.

A partir de ahí, es inevitable plantearse la siguiente pregunta: si esto funciona con los clientes, ¿no debería hacerlo de forma parecida con los empleados? Al fin y al cabo, lo que se está planteando es construir relaciones con las personas a través de las cuales se logre una mayor vinculación y, lo que es más importante, independientemente de que se trate de clientes o de trabajadores, pues los mecanismos neuronales activados en ese proceso son los mismos.

## 5. El modelo de Experiencia de Cliente aplicado internamente: la Experiencia de Empleado

A raíz del primer barómetro de EX que realizó el IE Business School en España en colaboración con Buljan Partners y EnEvolución en 2018, se publicó el artículo *La Experiencia de Empleado: cuando el cliente también es interno* (Calleja, Méndez y Rojo, 2019). Dicho trabajo recogía los resultados del estudio y ponía de manifiesto dos claves importantes: lo oportuno de aplicar la metodología de CX, con las obvias adaptaciones, al entendimiento de la relación que mantienen los empleados con la organización para la que trabajan; y la necesidad de incorporar la variable afectiva y emocional en la gestión de personas de las organizaciones. En definitiva, empezar a preguntar a los empleados cómo se sienten, además de qué opinan.

En esencia, el modelo de EX no difiere de su equivalente, el de CX. De hecho, se sirve de similar metodología y herramientas, ya que se sostiene sobre un paradigma simétrico y una hipótesis de partida con muchas claves comunes. Es decir, si se logra entender bien qué es importante para las personas y cómo se sienten en relación con la organización para la que trabajan, a partir de esos momentos relevantes, se estará en condiciones de fortalecer el vínculo emocional rediseñando esas interacciones y haciéndolas más satisfactorias. Y todo ello tendrá consecuencias directas en el nivel de compromiso (y también, como vimos al principio, en los resultados de negocio).

Evidentemente, hay elementos en esa relación de las personas con las empresas que difieren, se trate de empleados o clientes y, aunque son seres humanos con los mismos mecanismos emocionales, no es idéntico su modelo de vinculación; obviamente, hay que adaptar desde el sentido común lo que no aplica. Pero esta particularidad no invalida el enfoque, que, por el contrario, ayuda a poner el foco e intervenir allí donde más impacto podemos lograr en términos de *engagement*.

## 6. ¿Qué significa todo esto para los departamentos de Recursos Humanos?

Los departamentos de recursos humanos (RR. HH.) y de gestión de personas de las organizaciones tienen ante sí numerosos retos de cara al futuro, pero no cabe duda de que uno de los más importantes es mantenerse (o, en muchos casos, incluso posicionarse) como socios estratégicos. No es una cuestión de tener más o menos estatus en la estructura ni de alcanzar únicamente cierta cuota de poder (que, por otro lado, resulta imprescindible para movilizar recursos e influir en la dirección adecuada); se trata de que estos departamentos vivan y hablen en términos de negocio y competitividad.

Actualmente pocas compañías ponen en cuestión que una de sus principales fuentes de ventaja competitiva son las personas o, siendo más precisos, la manera en la que se gestionan. Son muchas las empresas que reconocen que lo que les diferencia realmente de otros competidores se centra en esos mismos empleados y en la manera en la que contribuyen al éxito del proyecto. Los departamentos de RR. HH. deben entender en toda su extensión qué implicaciones tienen estas convicciones de sus propias organizaciones y buscar modos que involucren realmente en mayor medida a los colaboradores y los alineen con los objetivos estratégicos y la misión de la organización.

En segundo lugar, se tendría que hablar de la necesidad ineludible de ser una de las palancas y facilitadores del compromiso y de la implicación de los colaboradores. El conjunto de ellos en nuestras organizaciones espera de los departamentos de gestión de personas un rol especialmente activo a la hora de conectarles con la empresa para la que trabajan.

Sin ánimo de generar polémicas innecesarias, ni mucho menos hacernos eco ahora de advertencias un tanto apocalípticas, en no pocas ocasiones se ha llegado a cuestionar, de manera un tanto incisiva, el rol que actualmente desempeña la función de gestión de personas y su desajuste con lo que las organizaciones pueden esperar en cierto momento. Y es bueno prestar atención a esas voces y entender cuál puede ser el origen de ese cuestionamiento. Es muy probable que se recuerde, por ejemplo, la portada de la *Harvard Business Review* que decía «*It's time to blow up HR and build something new*», algo así como «Es el momento de hacer estallar RR. HH. y construir algo nuevo» (*Harvard Business Review,* 2015). Este provocador título ponía de manifiesto una doble preocupación bastante común: por un lado, las dificultades que tienen muchas veces los departamentos de RR. HH. para ser entendidos como socios imprescindibles para el éxito del negocio y, por otro, la incapacidad para ser verdaderos generadores de *engagement* y movilizadores de la organización.

Ante este escenario no han faltado voces, como comentábamos, que se han apresurado a anunciar el fin de la función como tal o, en el mejor de los casos, su relegación a una posición con carácter de mero asesoramiento y componente en gran medida administrativo. Y, sin embargo, también surgen otras visiones que entienden este marco que se viene enunciando como una grandísima oportunidad. ¿En qué sentido? Se ha dicho desde el inicio que nuestras organizaciones se enfrentan a retos de primer orden, como innovación, transformación digital o CX, todos con un innegable carácter estratégico y donde entra en juego una más que posible fuente de ventaja competitiva. Pero se trata de desafíos que requieren la movilización de toda la empresa, de todos los empleados. Son retos, en definitiva, que se antojan imposibles de llevar a cabo si no se alcanza el nivel necesario de implicación y compromiso, de modo que resulta muy necesaria una gestión decidida y profesional de esa implicación.

Por otro lado, los trabajadores esperan hoy más que nunca esa nueva orientación de la compañía hacia la persona, un enfoque sincero, genuino, tratando de hacer que las distintas prácticas de gestión que les afectan directamente se rediseñen incorporando su percepción y su sentimiento individual. Es decir, los profesionales de gestión de personas tienen ante sí la oportunidad de revalidar su contribución a la estrategia de negocio a través de una mayor implicación de los empleados y, al mismo tiempo, armar un modelo de gestión más efectivo en términos de compromiso. Luna, apoyándose en estudios de Deloitte (Deloitte, 2017), nos recuerda que, «aunque cuatro de cada cinco directores de personas indican que la EX es muy importante (42 %) o importante (38 %), la realidad indica que solo una de cada cinco empresas es excelente construyendo la EX». Y que esto, en realidad, supone una oportunidad para los que sí lo están haciendo (Luna, 2018).

## 7. ¿Qué consecuencias tiene en el modelo actual de gestión de personas?

En este punto resulta especialmente importante explicar con claridad que este modelo no viene a sustituir nada ni a tirar por tierra la importante evolución que han tenido nuestros sistemas de gestión de RR. HH. desde el siglo pasado, sino a sumar. A pesar de lo apuntado anteriormente, muchas organizaciones han construido a lo largo de los años arquitecturas robustas de gestión de personas con muy buen criterio, bien alineadas con los objetivos de negocio y realmente consistentes. Son modelos con un foco claro en la persona, preocupados en el bienestar de los colaboradores, basados en la equidad y en la transparencia y con reglas del juego claras. Por sí mismos se trata de modelos que generan credibilidad y confianza y también una alta vinculación.

De lo que se trata ahora es de ir un paso más allá e incorporar la visión subjetiva de la persona, es decir, entender cómo recibe ese esfuerzo por parte de la compañía, identificar qué echa en falta y saber qué podemos hacer para que se sienta mejor (o, mejor dicho, para que se sienta especialmente bien) buscando esos mayores niveles de compromiso e implicación. Y hacerlo valiéndonos de herramientas y metodología que han mostrado su efectividad en esos mismos términos en la relación con los clientes externos.

Hace unos años la Asociación para el Desarrollo de la Experiencia de Cliente (DEC), el foro más importante en este ámbito en España, desarrolló el modelo Onda del Cliente, que debía servir de guía y hoja de ruta para que las empresas pusiesen en marcha sus propios programas de CX. Esta misma asociación ha servido como espacio para generar un nuevo modelo, la Onda del Empleado, cuyo objetivo, igual que aconteció con la Onda del Cliente, es orientar a las empresas y a sus directivos a construir un modelo de gestión de personas que, sin abandonar las prácticas necesarias y habituales, la coloque en el centro e incorpore su visión subjetiva.

## 8. ¿En qué consiste el modelo Onda del Empleado de la Asociación para el Desarrollo de la Experiencia de Cliente?

Como se ha avanzado, se trata en esencia de una hoja de ruta que se construye sobre cinco palancas clave que se deberían activar para poder lograr que la organización en su conjunto esté alineada con este paradigma y también para permitir poner en marcha y operativizar las distintas líneas de actuación necesarias para hacer todo esto posible. Esas cinco palancas, que llamaremos *las cinco E,* son las siguientes:

1. Escucha.
2. Enfoque.
3. Extensión.
4. Entusiasmo.
5. Excelencia.

Cada palanca está conectada con enfoques metodológicos y herramientas muy próximos a los que se utilizan en la metodología de CX. Veámoslos:

* **Escucha.** En palabras de la propia Asociación DEC, «Para trabajar desde los empleados y para los empleados, todo debe quedar sustentado en un conocimiento profundo y una adecuada comprensión de quiénes son los empleados, qué es lo que esperan, qué es lo que viven en la relación completa con la organización y en qué momentos se está jugando la empresa la relación con ellos y su compromiso». Esto implica distintas medidas que tienen que ver con articular eso que se ha dado en llamar *voz de empleado,* es decir, se trata de identificar y entender bien los distintos arquetipos de trabajadores, preguntar y comprender sus expectativas y los momentos relevantes y construir un sistema que permita

establecer mecanismos de medición e indicadores para poder tener un pulso permanente de esta información, todo ello abarcando el ciclo de vida completo del empleado en la compañía.

- **Enfoque.** Esta palanca nos ayuda a poner el foco en cómo la organización en su conjunto coloca a la persona en el centro y se orienta hacia el empleado. Implica en primer lugar definir los objetivos de lo que se pretende en realidad con ese modelo de EX que se desea implantar, pero también significa definir cómo se quiere que sea esa relación entre empresa y colaboradores, en qué consistirá la propuesta de valor y, por supuesto, qué se hará para que esa reorientación cultural del conjunto de la organización se produzca.

- **Extensión.** Una vez que se tiene claro el enfoque, se ha definido el modelo deseado y se ha identificado incluso el marco cultural corporativo, hay que ponerse manos a la obra para lograr un despliegue efectivo en toda la empresa. No es una tarea fácil, ni mucho menos, y requiere una efectiva movilización de los distintos actores y dispositivos que resultarán imprescindibles en este empeño.

- **Entusiasmo.** Algo que no sería aceptable desde este modo de pensamiento —parafraseando la máxima del despotismo ilustrado— es el «todo para el empleado, pero sin el empleado». Cuando el modelo incorpora esta palanca se refiere precisamente a conseguir la adhesión de las personas en el proyecto, lo que solo se logra cuando las personas hacen el proyecto suyo, es decir, cuando realmente sus aspiraciones se ven contempladas en el programa, cuando se ven partícipes de su construcción, cuando realmente se consideran protagonistas de este enfoque. Para ello resulta sumamente importante que se activen mecanismos de participación y cocreación, que se pongan en marcha figuras como los embajadores del programa, que se haga una divulgación puntual y transparente de todas las líneas prácticas de actuación y de resultados que se van obteniendo; en definitiva, que de alguna manera se pase a ser parte de la conversación interna de la organización.

- **Excelencia.** Un aspecto fundamental del modelo de EX y quizás el más evidente punto de encuentro entre las personas y la compañía para la que trabajan en términos de eficacia y de resultados es la contribución que hacen las primeras al éxito de las otras.

Esa contribución, que tradicionalmente hemos denominado *desempeño,* queda también contemplada en este paradigma. En el fondo se trata de preguntarse desde el punto de vista subjetivo de la persona qué nos hace trabajar mejor y ofrecer en términos profesionales nuestra mejor versión.

Aquí entran en juego en primer lugar el modelo de liderazgo y los estilos de dirección, que son de hecho un factor esencial en la EX, como hemos señalado en otra parte. Pero también la manera en la que la organización es capaz de reconocer los logros, de ofrecer un *feedback* oportuno, de orientar al colaborador en ese desempeño y de ofrecer al empleado las facilidades, el soporte y los recursos necesarios para que pueda desempeñar de forma excelente su tarea.

El trabajo elaborado en esta ocasión trata de acercar esta propuesta y hacer *zoom* sobre cada una de estas palancas con el objetivo de entender bien su alcance y su significación en términos de EX, todo ello, como apuntábamos al principio, en aras de lograr niveles de implicación tan altos que nos permitan abordar con facilidad los grandes retos competitivos y de transformación que se plantean a las empresas.

Como se ha comentado anteriormente, no cabe la menor duda de que los profesionales de RR. HH. y de gestión de personas están preparados para liderar este reto. De hecho, es evidente que tienen una posición ventajosa, en la medida en la que el paradigma de EX forma, aun sin pretenderlo, parte de su realidad diaria y de su propósito profesional. Pero es importante que entiendan el alcance de esta orientación y que vean con claridad el rápido desarrollo que está teniendo en nuestras organizaciones el modelo de CX, ya que ocurrirá lo mismo con el de EX.

En fin, sería altamente deseable que se percibiese con claridad el calado que presenta este nuevo paradigma y también la interesante oportunidad que se abre para la propia función de RR. HH.

# 1

# LA ESCUCHA

## 1. Conocer y entender las necesidades y expectativas de los empleados

El término *escucha* en el contexto de EX hace referencia a conocer y entender las necesidades y expectativas de los empleados. Trabajar la escucha en EX pasa obligatoriamente por usar los principios de gestión y diseño centrado en las personas. Para ello es imprescindible obtener un conocimiento profundo y una adecuada comprensión de quiénes son los empleados, qué esperan, cuáles son sus expectativas, cómo están viviendo su relación con la organización y en qué momentos se está jugando la empresa la relación con ellos y su compromiso.

Con el fin de poder alcanzar este grado de conocimiento y de comprensión de dichas necesidades y expectativas de las personas, cabe seguir los siguientes pasos:

1. Comprender al empleado para establecer sus necesidades y expectativas.

2. Personalizar la experiencia en la empresa para distintos tipos de trabajadores.
3. Diseñar el programa de voz del empleado para medir la experiencia e identificar los momentos de la verdad *(moments of truth)* y las interacciones con mejores y peores valoraciones con el fin de actuar sobre ellas.
4. Nutrir el resto de los pilares (enfoque, extensión, entusiasmo y excelencia) con los aprendizajes obtenidos en este apartado.

De todo ello se hablará en este capítulo, pero antes de adentrarnos en analizar cómo adaptar la escucha a los procesos de RR. HH., merece la pena detenerse unos instantes para descubrir en qué se basa la escucha y por qué es tan importante.

## 2. La empatía como base de la escucha

La escucha, entendiéndola como el conocimiento y la comprensión de la percepción subjetiva de los empleados, se basa en la empatía. ¿Cuántas veces en las organizaciones se escucha sin atención? ¿Sabemos cómo se sienten nuestros trabajadores cuando se les comunica un cambio organizativo? Se habla mucho de la escucha activa en relación con la empatía, pero ¿somos capaces de sacar conclusiones sobre cómo está viviendo un empleado una negativa ante una petición? ¿Se ha reflexionado suficientemente sobre la soledad que puede llegar a sentir un trabajador en su segundo día de trabajo? Porque el primer día suele organizarse bastante bien, de forma bastante estructurada, pero los siguientes son los más delicados, pues cuando el empleado necesita mayor apoyo, en realidad puede sentir mayor sensación de abandono. De esto trata la empatía, de escuchar lo que no se oye, de leer entre líneas y de ponerse en la piel de aquel empleado que día tras día interacciona con la compañía.

La empatía y la escucha también implican algo muy importante: no juzgar, algo muy complicado porque contradice la tendencia natural del ser humano a dar consejos desde la propia experiencia y perspectiva a la vez que se juzga lo que se escucha. Crear, diseñar experiencias de empleado desde el ejercicio de la escucha, implica precisamente ser capaz de despojarse de prejuicios porque, si no se hace, se corre el riesgo de acabar diseñando las experiencias desde el propio prisma y agrado. Por ello es tan importante esta etapa de la escucha, porque consiste en poner los cimientos para todo lo que se desarrollará con el fin de mejorar la EX. Para ellos, no para RR. HH. ni para los directivos, es importante no olvidarlo.

## 3. Un cambio de paradigma

Tradicionalmente en la definición e implementación de políticas de RR. HH. no se ha tenido demasiado en cuenta el elemento de la escucha más allá de las clásicas encuestas de clima anuales. La estrategia de los departamentos de RR. HH. normalmente se ha basado en definir una serie de procesos y acciones que, tras su debida implantación, llevarán a la consecución de los objetivos empresariales. La óptica directiva se ha considerado para la definición de la estrategia. Este modo de definir e implementar la estrategia de RR. HH. sin contar con la participación del tercero en discordia, el empleado, ha tenido éxito durante muchos años y continúa siendo la tónica en muchísimas empresas. Sin embargo, los tiempos han cambiado y la nueva fuerza laboral ya no busca lo mismo que antes.

El poder de decisión ha pasado en muchos casos a mano de los trabajadores, que son quienes deciden dónde entregar su cabeza y su corazón y durante cuánto tiempo. Los elementos más racionales de decisión, como salario, promoción y oportunidades de aprendizaje, tienen, por su puesto, su peso, pero no son los que más hacen decantar la balanza hacia la decisión de quedarse o no en una empresa y comprometerse en mayor o menor medida. La experiencia que está viviendo un empleado, cómo se siente al llegar a la oficina y cómo llega a su casa día a día son las cosas que marcan la diferencia. Con una competencia cada vez más feroz, es necesario contar con trabajadores altamente comprometidos para brindar una experiencia diferenciada a los clientes, y solamente si sienten esta misma experiencia especial en su caso, serán capaces de brindarla (*I Edición del Informe de Experiencia de Empleado*, 2021).

La empresa se encuentra ante un cambio de paradigma en el entorno laboral. Por un lado, existe una lucha por atraer talento, no únicamente por parte de las grandes corporaciones, sino también de pequeñas empresas emergentes *(start-ups)* con modelos mucho más flexibles y atractivos, especialmente para las nuevas generaciones de empleados. Por otro lado, si se compara con la situación años atrás, ahora mismo el trabajador cuenta con mayor grado de información en la palma de su mano, lo que implica que puede tomar decisiones de forma mucho más fácil, pues conoce de antemano los entresijos de cualquier compañía, antes incluso de haber llegado a entrar a trabajar en ella. Por último, han aparecido nuevas formas de trabajar que hacen tambalear las estructuras tradicionales y la clásica relación patrón-empleado. Hay profesionales que no se sienten atraídos ni cómodos trabajando en una estructura de dependencia, si bien formarán cada vez más parte del ecosistema de las compañías como pieza clave para desarrollar su actividad empresarial.

Ante todo este panorama, es fácil vaticinar que las tradicionales políticas de RR. HH. aplicadas desde la óptica exclusiva del empleador tendrán mayor riesgo de fracaso. ¿Por qué? Simplemente porque no incorporan la visión del empleado en el diseño de experiencias, y para incorporar la visión no hay mejor modo para empezar que escuchando.

Para concluir la reflexión sobre la importancia de la empatía, cabe hacer un paralelismo entre EX y CX. Hace dos décadas las organizaciones se comunicaban con sus consumidores con un bombardeo de publicidad por distintos canales. Llegaban a sus consumidores y clientes con el mensaje que les querían transmitir de forma totalmente unidireccional. En la actualidad, los clientes construyen la percepción de una marca mediante sus historias personales de interacción con sus productos y lo transmiten por redes sociales, entablando con las empresas una comunicación totalmente bidireccional. Para entrar a formar parte de estas historias de consumidores, a las compañías no les queda otra alternativa que escuchar activamente a sus clientes y hacer un ejercicio enorme de empatía con ellos para brindarles experiencias emblemáticas apoyadas por la tecnología, monitorizando sus reacciones en todo momento. Sin escucha y empatía, los mensajes seguirían lanzándose como mera publicidad desde la mente de un equipo creativo como hace más de veinte años, algo que en su día funcionaba y bastaba.

Entender el cambio anterior es fundamental para comprender cómo la empatía y la escucha son vitales en la EX en un paradigma laboral que ha cambiado totalmente, al igual que ha sucedido con la CX. Por ello cabe dedicar un capítulo completo a la escucha, resumiendo este concepto en el contexto de EX en cinco puntos fundamentales.

## 4. Los básicos de la escucha

### Entender el camino

Significa definir qué herramientas serán fundamentales para comprender las necesidades de los empleados e identificar cómo están viviendo su experiencia en la compañía. La base es preguntar para obtener información, lo que se puede hacer de distintas maneras, como encuestas, entrevistas etnográficas, conversaciones individuales o grupos focales *(focus groups)*. Conocer qué tipo de plantilla tiene una empresa es fundamental para elegir la mejor herramienta. En algunas la encuesta obtiene un grado muy ínfimo de participación, por lo que prefieren entrar en una conversación más directa para poner en práctica la escucha. Otras, sin embargo, tienen un grado de implantación de herramientas tecnológicas muy avanzado que les permite usar encuestas y obtener resultados en tiempo real de forma muy sencilla.

Sea cual sea la herramienta elegida, es importante organizar minuciosamente el proceso, comunicar los objetivos y graduar expectativas antes de lanzarse a la piscina. No hay que olvidar que preguntar supone abrir una caja de pandora, pero es precisamente en este acto de valentía cuando se obtienen información valiosa y resultados sorprendentes. Las suposiciones son fuente de muchos errores. Solamente cuando una compañía es capaz de poner voz al empleado a través del ejercicio de la escucha y llega a entender qué motiva el comportamiento humano, puede conseguir conectar con el usuario, en este caso el trabajador, en un ejercicio de humildad que pondrá los cimientos para definir su mejor experiencia.

### Definir arquetipos

El tiempo de ofrecer lo mismo para todos ha quedado muy atrás; en este nuevo paradigma laboral, proporcionar a todos los empleados el mismo tipo de experiencia es un grave error. Aunque resulta imposible llegar a un nivel de hiperpersonalización de experiencias, pues los departamentos de personas necesitarían infinidad de recursos para llevarlo a cabo, es muy conveniente definir el objetivo *(target)* de empleado con el fin de obtener mayores posibilidades de éxito en la definición de experiencias. Y un error muy común es pensar que se trata puramente de un tema generacional. En cada empresa existen distintos arquetipos de trabajadores que vienen determinados por aspectos que van mucho más allá de las edades. Pensar, por ejemplo, que a un empleado de más edad no le atraen los nuevos proyectos y prefiere optar por la estabilidad y ofrecer dichas oportunidades a los más jóvenes supone correr el riesgo de dejar de lado a un colectivo muy preparado que, además, lo vivirá como una falta de confianza y un estancamiento. Escuchar nos permite identificar arquetipos y despojarnos de prejuicios como el del ejemplo anterior que enturbien el camino de la definición de experiencias.

A pesar de poder llegar a contar con una buena definición de arquetipos en una empresa, personalizar experiencias puede ser muy difícil de entrada, pues las compañías cuentan con recursos limitados y los departamentos de RR. HH. no pueden dar respuesta a todos los empleados, uno por uno. En muchos casos es algo materialmente imposible. Un buen ejercicio para ir mejorando la experiencia de un modo general antes de adentrarse en diseñar una experiencia más personalizada para cada arquetipo consiste en ir mejorando la experiencia mediante la eliminación de elementos que, de algún modo, todos los arquetipos viven con dolor. Burocracia, lentitud de decisiones, falta de practicidad y complejidad excesiva en los procesos son ejemplos de elementos que pueden identificarse como universalmente dolorosos para la gran mayoría de los trabajadores.

Pequeños cambios iniciales en dichos procesos en respuesta a un ejercicio de escucha pueden ser un muy buen modo de empezar antes de acometer una personalización de experiencias de mayor envergadura. Si dichos cambios son bienvenidos y tienen impacto positivo, el empleado percibe que se le ha escuchado y se da pie a avanzar hacia un segundo estadio más complejo de definición de experiencias para cada arquetipo.

## Definir el mapa de viaje del empleado
## *(employee journey map)*

Aquí no existe una fórmula mágica, sino que podemos tener para cada empresa un viaje de empleado totalmente distinto a otro. Lo que de verdad importa es que refleje todo el camino, desde que el trabajador conoce la empresa hasta que se desvincule de ella, y en él cada organización debe ser capaz de situar los hitos que conforman la EX. Es interesante ver cómo un *employee journey map* puede desgranarse en pequeños caminos que muestren los momentos más importantes de la vida laboral y para cada arquetipo de empleado. Se trata de un camino que no resulta estable, por lo que es fundamental revisarlo y mantenerlo como una herramienta viva de identificación de momentos que definirán cómo está viviendo la EX a lo largo del tiempo.

## Medir tras escuchar

Uno de los indicadores clásicos es el *employee Net Promoter Score* (eNPS), que nos sirve como un termómetro para tomar la temperatura del grado de compromiso de los empleados con la organización.

En este punto merece la pena hacer un apunte, pues tradicionalmente se ha tomado como elemento de medición sobre el grado de compromiso de los trabajadores con la organización el índice de rotación. En este sentido, empresas con un alto grado de rotación han estado en el punto de mira como sinónimo de falta de fidelidad de sus empleados, que abandonan sus puestos porque no se sienten cuidados ni comprometidos con sus compañías. Este razonamiento no es tan claro en estos momentos, cuando la nueva fuerza laboral busca múltiples experiencias en varias empresas. Es decir, antiguamente la rotación podía servir para obtener conclusiones directas sobre el grado de satisfacción laboral de los empleados, pero ahora hay que tomar muchos más aspectos en cuenta para poder sacar conclusiones adecuadas. De nuevo, un buen ejercicio de escucha y de medición nos permitirá obtener resultados para una toma de decisiones adecuada.

## Establecer una mejora continua

Vale la pena aclarar en este quinto punto que no nos referimos a la mejora continua de procesos en el ámbito de calidad; no hay que confundirlo, pues en el contexto de EX la mejora continua tiene otro significado.

Muy probablemente este resulta el punto más complicado, pues es lo más difícil de integrar en la compañía, es decir, que todos los esfuerzos no queden en un ejercicio único, sino que se llegue a convertir en un proceso constante de revisión de mejora de la calidad de vida laboral en la organización. Estamos hablando de integrarlo en el plano cultural de una empresa, lo que implica hacer un planteamiento mucho más profundo que el clásico plan de acción puntual que tradicionalmente se ha llevado a cabo tras completar una encuesta de clima laboral.

Este punto cierra el círculo, pero lo convierte en infinito, pues la EX se inicia con la escucha, pero no se puede dejar de escuchar porque las personas son seres vivos y las organizaciones también. Cada empresa debe encontrar la forma de aplicar el ejercicio de la escucha de forma periódica: medir, revisar la experiencia y mejorarla. Este no es un ejercicio que se haga de la noche a la mañana, sino que se ha de ir integrando paulatinamente en la cultura de la compañía. No es fácil, implica esfuerzo, humildad y voluntad de mejorar, pero sin duda redunda en grandes beneficios, tanto para los empleados como para las organizaciones, y constituye el camino para conseguir una EX verdaderamente transformadora.

## 5. El inicio del proyecto

Y dicho todo esto, ¿cuál es el mejor modo de emprender el camino? ¿Por dónde empezar? Especialmente si no se tiene experiencia previa en el campo, se recomienda iniciar el proyecto con pequeños pasos. Por ejemplo, identificar un segmento de empleados y elegir alguna etapa concreta de su viaje que esté viviendo con especial frustración y dolor. Idealmente resulta aconsejable escoger a colectivos de trabajadores y etapas que estén directamente vinculados al negocio, de modo que sea más fácil ver el impacto de una mejora de la

EX en los resultados empresariales. Por ejemplo, las evaluaciones de desempeño del colectivo de comerciales de una compañía. Poder aportar como ejemplo de éxito un caso así permitirá ampliarlo a otros colectivos y momentos del viaje del empleado, facilitando poder pasar a una elevación más estratégica con impacto en toda la empresa. Pretender hacerlo todo de golpe es muy complicado y puede resultar contraproducente, pues, además de generar demasiadas expectativas en muchos colectivos, es más difícil en el momento de diseñar acciones y de analizar su retorno.

¿Por dónde seguir? Se aconseja ir ampliando a otros momentos del viaje del empleado y a otros segmentos de trabajadores, de forma que paulatinamente se acaben revisando las políticas tradicionales de RR. HH. al introducir en ellas el elemento de la escucha. No se trata de eliminar de un plumazo todo lo que se había hecho hasta ahora, ni mucho menos, sino de preguntarse, por ejemplo: cuando se definió su entrada en la empresa (el *onboarding*), ¿se tuvo en cuenta cómo se sentía el empleado recién incorporado? Sí o no. Si la respuesta es «no» o «no lo suficiente», ¿se podría incorporar su perspectiva?, ¿cómo saber si está viviendo una buena experiencia? Y lo mismo para otros momentos tan importantes, como el proceso de selección o el de promoción, los procedimientos de movilidad a otros países, las entrevistas de evaluación o la solicitud de cambios en la vida laboral de un empleado (compaginación de la vida laboral con la familiar, reducción horaria, excedencia y vacaciones). Se trata de recorrer todos los momentos cruciales para la vida del empleado hasta llegar a cómo ha vivido su proceso de desvinculación, que, a pesar de ser de vital importancia y tener gran impacto hacia el mercado exterior, por toda la mala reputación que una mala salida puede conllevar, suele ser el gran olvidado en el *employee journey map*.

Iniciar un proyecto de EX incorporando el elemento de la escucha en los procesos de RR. HH. puede resultar más o menos complicado en función de la cultura de la empresa en la que se va a poner en práctica. Hay que tener en cuenta que existe la posibilidad de encontrarse con elementos detractores que intentarán poner en duda los resultados que se pretende conseguir, tanto en el equipo directivo como entre los propios trabajadores.

Los empleados que tras haber participado en proyectos que puedan relacionarlos con el tema de la escucha, como encuestas de clima, no hayan sentido que se han materializado en un plan de acción consecuente con los resultados, pueden ser los primeros en no querer colaborar o en hacerlo con mucho recelo y desánimo, pensando que no va a servir de nada, como en anteriores ocasiones, al haberse sentido defraudados y haberlo vivido como una pérdida de tiempo, sin cumplir sus expectativas. Otros no habrán tenido nunca la oportunidad de ser escuchados, pero tienen la sensación de estar trabajando en un medio de algún modo «hostil» para abrazar la escucha, pues se ha demostrado que en su empresa nunca se ha fomentado la participación ni se han premiado las buenas ideas de sus trabajadores. A estos profesionales también les costará involucrarse y confiar. Así pues, cabe preguntar a las personas a menudo y escucharlas, pero no hay que olvidar el siguiente paso: las acciones. Las personas dan mucho valor a que se les pregunte su opinión, pero ¿qué valoran más? Que sus opiniones se convierten en acciones tangibles (*2020 Global Employee Experience Trends*, 2020).

Antes de lanzar el proyecto, el director de RR. HH. deberá tener muy claro con qué histórico cuenta, ante qué empleados se encuentra, con quiénes podrá contar, quiénes podrían boicotearlo y cuáles estarán más receptivos respecto a otros. Pensar que todo el mundo va a colaborar es una quimera, por lo que elegir al público adecuado con el que contar en un *focus group,* por ejemplo, resulta crucial, especialmente en las primeras etapas del proyecto. A medida que el resto de los trabajadores más reticentes vean resultados tangibles y progreso, será más fácil convencerles, involucrarles y poder contar con ellos.

## 6. Barreras y recomendaciones para superarlas

Implantar un proyecto de EX no es una tarea fácil. Durante el camino se deben salvar unos cuantos obstáculos, algunos de los cuales aparecen ya en el inicio durante la etapa de la escucha. A continuación presentamos siete barreras y las recomendaciones para superarlas:

1. **La cultura y la tradición.** Respecto al equipo directivo, es posible encontrarse con múltiples elementos detractores. Una primera clásica barrera que puede escuchar un director de RR. HH.

que pretende llevar a cabo la etapa de la escucha para aplicar a sus procesos de RR. HH. con el fin de mejorar la EX se resume en la frase siguiente: «Aquí no hay cultura de esto» y «Esto no lo hemos hecho nunca». Luchar contra estas frases tan arraigadas solamente es posible esgrimiendo argumentos de beneficios sólidos y eligiendo ejemplos de proyectos que inicialmente también se pensaba que chocaban con la cultura pero que se ha demostrado que han dado resultados exitosos.

**Recomendación.** Hay que estar preparado para mostrar argumentos basados en éxitos del pasado que fácilmente pueden sacarse a la luz.

2. **El miedo a perder los «galones».** Los directivos pueden llegar a pensar que dar voz a sus empleados y emplear la escucha con este propósito puede hacer tambalear su autoridad. Normalmente las empresas están acostumbradas a un equipo directivo que define la estrategia y a un grupo de trabajadores que ejecutan las acciones necesarias para llevarla a cabo. Las cabezas pensantes son los directivos, quienes han sido los elegidos para pensar y dirigir. Pero escuchar no implica perder la función directiva porque preguntar a los empleados cómo están viviendo su experiencia en la compañía es distinto a otorgarles el rol de dirigir. Es muy importante aclarar a un equipo directivo que percibe cierta reticencia a otorgar poder a los trabajadores que el ejercicio de escucha no tiene el propósito de preguntar a los empleados cómo dirigir una compañía ni conferirles tal responsabilidad, si bien cuando se pregunta y de verdad se escucha se pueden obtener resultados sorprendentes que pueden integrarse en la mejora continua, no solamente de la EX, sino de mejores formas de trabajar y de ofrecer servicios a los clientes.

   **Recomendación.** Hay que dejar claro el objetivo del ejercicio de escucha y no confundirlo con la propia práctica directiva.

3. **El miedo a pensar que hay que colmar todos los deseos de los empleados.** Escuchar no significa acatar todo lo que propone el trabajador, sino entender cómo vive su experiencia en la compañía y cómo podría ser mejor. Se trata de desgranar esa experiencia y estudiar cómo ser capaz de mejorarla sin perder de vista la

necesidad de cumplir los objetivos empresariales. El miedo de un empresario consiste en caer en la trampa de satisfacer todas las voluntades de los empleados tras un ejercicio de escucha, cuando la realidad no permitirá llevarlo todo a cabo.

**Recomendación.** Hay que establecer muy claramente las expectativas tanto a empresarios como a empleados desde el inicio. No se podrá mejorar todo y habrá cosas que no se podrán llevar a cabo. Por ejemplo, una recepcionista puede sentir que viviría una mejor EX si pudiera tener la posibilidad de teletrabajar de forma que pueda compaginar de forma más fácil su vida laboral y familiar. Sin embargo, su trabajo requiere presencia física en la oficina para recibir a los clientes. No poder colmar sus expectativas en este sentido no significa que no se pueda mejorar su experiencia laboral escuchando a dicha persona y ofreciéndole otras alternativas, como la posibilidad de darle preferencia en elegir vacaciones para coincidir con su familia. Escuchar a dicha persona, cómo se siente ante la imposibilidad de teletrabajar respecto a otros compañeros, no significa concederle algo que es materialmente imposible e iría contra el día a día del servicio que se pretende ofrecer a los clientes. Por tanto, hay que escuchar para entender y mejorar la EX sin caer en la trampa de pensar que hay que satisfacer todos sus deseos.

4. **Tener que poner el foco más allá de la propia experiencia laboral.** Un ejercicio de EX se enmarca en el contexto laboral, pero es un error pensar que la persona solamente es un ente profesional. Un empleado es un ser completo que trabaja en un entorno, pero su vida continúa más allá del puesto de trabajo. Para adentrase en un ejercicio de escucha y llevarlo a cabo de forma satisfactoria, hay que saber leer entre líneas, como anteriormente hemos comentado, y pensar que parte de la EX actual está muy condicionada por su momento vital personal fuera de las paredes de una organización. Hay directivos que no conciben adentrarse en la esfera personal de sus trabajadores y otros ni siquiera saben si tienen familia, qué les gusta hacer en su tiempo libre, cómo se encuentran sus familiares o si viven cerca o lejos. El ejercicio de escucha bien ejecutado revelará aspectos personales de los empleados que tendrán influencia en el modo en el que viven su

interacción con la compañía, teniendo en cuenta que, a lo largo de los años, pasarán por etapas vitales muy distintas.

**Recomendación.** Hay que recordar que escuchar es una oportunidad de oro para acercarse a los trabajadores de una forma natural para descubrir ciertos aspectos personales de ellos, e incluso habilidades, que un directivo desconocía de los miembros de su equipo y que puede emplear para mejorar su propia experiencia laboral y contribuir con éxito a ciertas tareas que les pueden motivar y causar gran satisfacción.

Respecto a este punto, vale la pena hacer referencia al término *job crafting* (cómo diseñar tu trabajo) (Wrzesniewski A. y Dutton J. E., 2021), que fue acuñado en 2001 cuando Amy Wrzesniewski, profesora de Comportamiento Organizacional en la Yale School of Management, lo definió como: «lo que los colaboradores hacen para rediseñar sus trabajos de manera que se fomenten el compromiso, la satisfacción laboral, la resiliencia y el crecimiento». Wrzesniewski dividía el *job crafting* en tres planos de trabajo: *task, relational and cognitive crafting* (funcional, relacional y cognitivo). En cuanto al primer plano, una de las preguntas clave que se puede lanzar a los empleados es: ¿qué habilidad tuya nos estamos perdiendo y no estás aprovechando en la compañía? Tras la debida aplicación de la escucha, se puede obtener información muy valiosa como resultado de dicha pregunta que permita al empleado aplicar sus habilidades a ciertas tareas de su puesto de trabajo donde no estaban aprovechadas o ayudar a determinados compañeros, de forma que él mismo, dentro de la consecución de los objetivos empresariales, pueda modelar ciertos aspectos de su puesto que redundarán en una mejor experiencia propia al sentir que sus habilidades están siendo valiosas e incluso de ayuda para otros.

5. **Cambiar del foco de procesos a experiencias.** Los directivos están acostumbrados a trabajar con procesos con etapas, elementos y normas muy claras que se deben seguir. Incorporar la escucha dando voz al empleado puede hacerles sentir que ciertos procesos, hasta el momento exitosos, podrían sufrir modificaciones que quizás no serán del todo adecuadas y poner en riesgo su continuidad. Dicha barrera también la puede sentir un director de RR. HH. acostumbrado a aplicar políticas que se reflejan en unos procesos muy

concretos que han funcionado muy bien en el pasado y en la actualidad. Es muy posible sentir que dar voz a los empleados puede hacer peligrar todo el esfuerzo de lo que hasta ahora se ha conseguido e incluso poner en peligro el *statu quo* y la paz social.

**Recomendación.** Hay que verlo como una oportunidad. El foco es mejorar la EX mediante el ejercicio de la escucha, no destruir todo lo que se ha hecho hasta el momento. Los procesos pueden ser mejorados a la par que la experiencia. ¿Cuántas veces los procesos incluyen momentos de dolor para los empleados que se podrían evitar, así como elementos de desperdicio que limitan las posibilidades de ser eficientes? Un buen ejercicio de escucha permitirá identificarlos, modificarlos, eliminarlos o sustituirlos cuando sea preciso.

6. **Iniciar el proceso es comprometerse a no parar.** Cuando hablamos de EX hacemos referencia a mejora y a medición continuas. Pensar que esto es un bucle que se inicia y nunca va a parar puede llegar a asustar a un equipo de RR. HH. que pretenda llevarlo a cabo. Pero todo ha de verse en su justa medida. Hay que encontrar los medios para practicar la escucha periódicamente. La digitalización facilita la interacción con los empleados y la obtención de resultados con facilidad para obtener información valiosa desde la que partir para diseñar las experiencias. Sin embargo, no se puede caer en el error de pensar que hay que medirlo absolutamente todo y en todo momento, como en las encuestas de satisfacción sobre los dependientes que se solicitan pulsando un botón en el momento de pagar en un centro comercial o las llamadas para valorar la calidad del servicio tras haber sido atendido por un operador de telefonía.

**Recomendación.** Hay que aplicar la escucha de forma periódica, incluyendo preguntas sobre puntos críticos y eliminando cualquier exceso de información que no aporte conclusiones. Es importante usar la tecnología, pero combinada con entrevistas presenciales y grupales de vez en cuando para poder analizar cara a cara las expresiones de los trabajadores. Muchas veces cuenta más lo que no se dice que lo que se dice, y la comunicación no verbal es una fuente de información muy valiosa. Adicionalmente, aunque al principio cueste porque el empleado no esté acostumbrado a que se le pregunte, cuanto más se practica la escucha, más natural se vuelve preguntar y contestar. Acaba siendo un elemento que se integra en la cultura, no de golpe —sería imposible—, pero sí que va penetrando paulatinamente y se acaba naturalizando, de forma que los trabajadores lo integran como una actividad más en su día a día.

7. **El miedo de los propios** *managers* **o mandos intermedios a involucrarse en el proyecto y las consecuencias que puede conllevarles.** En la etapa de la escucha es muy importante que el departamento de RR. HH. no avance solo. Cada *manager* es quien mejor conoce a los miembros de su equipo y quien de mejor manera puede interpretar las conclusiones de lo que se escucha una vez proporcionada voz a los empleados. Algunos *managers* pueden sentirse algo inseguros por pensar que no son especialistas en un tema que pueden considerar que forma parte del departamento de RR. HH. y no de su competencia y, además, tener reticencias por no saber a dónde les va a llevar el proyecto. Incluso pueden vivirlo como una cierta forma de intimidación respecto a su equipo, que en su presencia quizás no revelaría ciertas opiniones.
   **Recomendación.** Hay que tener una sesión previa con los *managers*, hacerles sentir pieza importante del puzle para que la escucha tenga mayores garantías de éxito. Como en el caso del equipo directivo, habrá detractores con opiniones muy contrarias y habrá *managers* que estarán más a favor. Corresponde a RR. HH. tener la habilidad de identificarlos e involucrarlos debidamente y otorgarles confianza ante su participación.

## 7. Mentalidad de cocreación

Las anteriores barreras pueden parecer complicadas pero, una vez salvadas, los beneficios compensan sobradamente cualquier esfuerzo.

Y es que escuchar, siempre que se haga con empatía, como hemos ido comentando en este capítulo, confiere al empleado confianza, pues percibe que se otorga importancia a sus opiniones. Con un ejercicio de escucha bien articulado, la fuerza de trabajo consigue sentirse más empoderada, lo que redunda en un mayor sentido de pertenencia y de identificación en la compañía, que a su vez tiene un efecto muy positivo en los resultados empresariales y una clara ventaja competitiva para la organización.

Visto todo esto, no hay duda de que merece la pena intentarlo, y resulta clave que los empleados no solamente tengan voz para trasladar cómo está siendo su experiencia, sino que puedan ser partícipes de su creación, es decir, que puedan cocrearla con el equipo de RR. HH. y sus *managers*.

La escucha se efectúa al inicio para recoger conclusiones e interpretar datos, pero lo más satisfactorio para los trabajadores es poder usar dichas conclusiones para participar en la mejora de su propia experiencia. Por ejemplo, si determinamos, tras escuchar a un grupo de empleados, que el proceso de evaluaciones ha tenido momentos que no han estado a la altura de sus expectativas, es crítico sentarse con ellos y no solo descubrir el porqué, sino también definir y crear con ellos cómo debería ser una mejor experiencia en ese momento tan importante para ellos. Escuchar para identificar aspectos positivos y de mejora, pero también para crear juntos la experiencia, causará aún mayor satisfacción para los trabajadores.

Adicionalmente conllevará un ahorro de tiempo y mayores posibilidades de acierto al equipo de RR. HH., que, sin necesidad de invertir demasiado tiempo ni excesivos recursos en lanzar un proyecto, podrá probarlo y medirlo con sus propios usuarios, los empleados, haciendo las correcciones necesarias antes de que sea demasiado tarde y se haya lanzado una nueva política o invertido demasiado esfuerzo en una dirección errónea.

Respecto al punto mencionado en el párrafo anterior, merece la pena hacer referencia al término *design thinking* como una mentalidad de cocreación y de mejora del diseño de experiencias muy adecuada para llevar a cabo proyectos tanto de EX como de CX. En el *design thinking* la escucha y la observación resultan fundamentales, especialmente en la primera de las etapas, la de investigación o empatización, pero al fin y al cabo es algo que reina durante todas las fases posteriores: la de análisis o definición, la de ideación, la de prototipado y la de validación o testeo. Estas fases quedaron determinadas en el famoso modelo propuesto por el Hasso-Plattner Institute of Design de la Universidad de Stanford, el llamado *Stanford Model* (Larry Leifer Hasso Plattner (editor), 2013).

No es el objetivo de este capítulo explicar en detalle cómo se aplica el *design thinking* y qué hay que tener en cuenta durante la puesta en marcha de cada una de estas fases, pero merece la pena hacer referencia a esta mentalidad de diseño que tanto se relaciona con la escucha y con otros muchos conceptos mencionados en este capítulo, como la empatía, el análisis de datos, la cocreación y la mejora continua, que resultan de especial utilidad en el diseño de la EX. El *design thinking* puede parecer lejos del ámbito de competencia y de conocimientos de un director de RR. HH., pues se relaciona de forma natural con el ámbito del diseño y de los productos, pero hay que hacer hincapié en la faceta más creativa de RR. HH. y aprovechar momentos como la escucha para materializar acciones innovadoras que de entrada nunca hubieran venido a la mente. Lo bonito de la escucha consiste en que el propio empleado va dirigiendo el camino; RR. HH. actúa como facilitador y agente de cambio que pone a disposición de las personas todas las herramientas para que sea posible. Sin mentalidad abierta, exploradora y ágil, el camino resultará mucho más difícil.

## 8. Claves del éxito

Cuando hablamos de incorporar la voz del empleado a los procesos de RR. HH. para conseguir que estén más satisfechos e identificados y que esto redunde en mejores resultados y clientes más satisfechos, podemos creer que el objetivo es tenerlos felices; de hecho, existe una tendencia en los últimos años que consiste en hablar de felicidad en el trabajo. ¿Es esto sinónimo de EX? ¿Por qué hay empleados que se manifiestan felices en su trabajo pero aun así abandonan la compañía a la primera llamada que reciben de un cazatalentos? Los elementos que componen la felicidad son muy subjetivos, así como los motivos que llevan a una persona a presentar su carta de dimisión o a bajar su rendimiento en el trabajo de forma voluntaria. Lamentablemente, lo que hace feliz a un empleado puede no tener la menor importancia para otro y, además, sentirse feliz en un trabajo no es garantía de que el empleado rinda, con lo que detectar mediante la escucha los elementos que hacen que se sienta feliz en su trabajo es importante, no debe faltar, pero resulta crucial no quedarse en la superficie de ciertas acciones que, con el paso del tiempo, casi pueden sobreentenderse y dejar de ser valoradas por haberlas integrado como un mínimo que toda compañía debe tener.

Por ello se necesita la escucha continua; hay que tomar el pulso a la organización y a sus empleados. Mejorar la EX tiene mucho que ver con el rendimiento y con la obtención de mejores resultados, lo que pasa por tener a empleados más felices, pero también más empoderados y preparados para ejecutar su trabajo.

Llegados a este punto del capítulo, merece la pena prestar especial atención a tres elementos que claramente pueden marcar la diferencia entre tener éxito o fracasar en un proyecto de EX, especialmente en la fase de escucha:

1. **La comunicación.** Es necesario comunicar antes, durante y después, y no solamente explicar qué pasará, cómo se hará y quién se ocupará, sino también el porqué del proyecto y cuál es el objetivo. Cuántas veces se reciben encuestas de satisfacción que las personas no contestan porque no entienden para qué sirven y, aún peor, qué beneficios les reportarán si las contestan. El tiempo de las personas y la atención son limitados y, para contar con ellos, hay que explicar por qué la empresa se embarca en un proyecto consistente en dar voz al empleado. Además, se precisa comunicar los avances del proyecto, qué se va a hacer con la información obtenida y cómo se va a avanzar. Por último, es crucial trasladar conclusiones y próximos pasos. Muchas veces las compañías empiezan una campaña de comunicación muy bien elaborada, pero son incapaces de darle un cierre, lo que hace que el efecto caiga en picado.

2. **La gestión de expectativas.** Es la esencia de toda EX. Una persona se incorpora a una organización con unas expectativas que pueden ser superadas, cumplidas o, por el contrario, que la defrauden. Entre lo que pasaba por su cabeza y la realidad, hay un hueco más o menos grande que la EX debe intentar minimizar de la mejor forma posible. Esto solo se puede hacer preguntando, escuchando y partiendo de unas expectativas realistas. Y lo mismo es aplicable a la etapa de la escucha. Sería un grave error generar unas expectativas muy elevadas porque la empresa no sabe, en muchas ocasiones, qué resultado obtendrá del proceso

de escucha. Quizás una organización crea que lo está haciendo muy bien, pero las expectativas de sus empleados pueden estar muy lejos de ser satisfechas. Un ejercicio de escucha puede incrementar dichas expectativas, igual que también puede ser contraproducente no partir de una gestión realista de aquello a lo que una compañía se puede comprometer. Se trata de hacer una reflexión de sinceridad. Y si una organización no tiene claro a dónde quiere llegar ni puede comprometerse a mucho, es mejor que lo diga desde el principio. A veces resulta mejor pocas cosas pero con impacto que muchas acciones inconexas que no llevan a aportar valor.

3. **El ejemplo de los mandos intermedios y del equipo directivo.** Hay que ser coherente entre lo que se dice y lo que se hace. Si se pide la involucración de los empleados en una etapa de escucha, el equipo directivo y los mandos intermedios también han de hacer su parte e intervenir. No existe nada más desmotivador que pedir colaboración y ver que quien pide algo no colabora. El mensaje que se transmite a la audiencia, en este caso los trabajadores, es que se trata de algo de poca importancia, con lo que hay que tener cuidado con este tipo de señales que se lanzan a los trabajadores porque detrás llevan implícito el siguiente mensaje: «De hecho, cómo se siente el empleado les importa poco, por más que pregunten».

## 9. Oportunidades de mejora

La 1.ª Edición del Informe de EX publicada por Bain & Company en colaboración con DEC en abril de 2021 (*I Edición del Informe de Experiencia de Empleado*, 2021) arroja resultados muy reveladores sobre la EX. El informe se realizó, por un lado, a través de una encuesta a 1683 empleados representantes de 15 sectores fundamentales de la economía española residentes en España con distintos cargos y antigüedades y, por otro lado, mediante 37 encuestas a directivos de RR. HH. en los principales sectores y empresas. En la página 18 de dicho informe se analiza la escucha como elemento de la Onda del Empleado que implica conocer y entender sus expectativas. En este punto de la escucha se revela una información muy significativa: «las empresas se enfocan principalmente en conseguir *feedback* del empleado pero, en menor medida, en usar esa información para tomar acciones apropiadas». Como ideas clave del estudio en este punto, cabe mencionar:

1. Las empresas han centrado sus esfuerzos en desarrollar métodos para obtener información del empleado relativa a sus experiencias.
2. En menor medida, también usan dicha información para tomar decisiones.
3. No obstante, existe cierto desarrollo, aunque con margen de mejora, en el análisis y el uso de rasgos de la personalidad del trabajador para mejorar la escucha.

En los extremos hay que poner de relieve que el 80 % identifican momentos críticos del empleado, pero solo el 50 % analizan los rasgos de personalidad.

Los directivos de RR. HH. revelan en el conjunto del informe que las mayores oportunidades de mejora se sitúan en el enfoque y en la escucha, un dato que hay que tener muy en cuenta porque el cambio de paradigma al que hemos hecho referencia en este capítulo se centra, precisamente, en incorporar la voz del empleado y, sin embargo, el estudio concluye que queda camino por recorrer en este sentido.

## CLAVES DE LA ESCUCHA

- La manera de ejecutar un proyecto para dar voz al empleado dependerá en gran medida, como verás en el siguiente caso de Amazon, de la cultura de la compañía, pues preguntar y escuchar mucho tiene que ver con el grado de confianza que se haya generado en ella entre sus empleados y los directivos.
- Es importante no desanimarse si el entorno cultural aparentemente no resulta el más adecuado, pues precisamente es con ejercicios que encarnan todo lo que hemos descrito en este capítulo, con sus beneficios, dificultades y barreras, como se consigue avanzar hacia modelos de gestión y liderazgo mucho más humanizados y hacia experiencias verdaderamente transformadoras.

- Otro punto clave radica en elegir el mejor momento para lanzar este tipo de programas de escucha, pues, como bien saben los profesionales de RR. HH., no se trata únicamente de acertar en el qué y el cómo, sino en el cuándo, ya que escoger el momento más oportuno también puede influir radicalmente en el resultado.
- Sea como y cuando sea, capturar mediante la escucha la voz del empleado es un elemento crítico de la Onda del Empleado y una oportunidad de oro para repensar prácticas de RR. HH., incorporando una mirada nueva y fresca, la del trabajador, la de un usuario cada vez más exigente e infiel, que no se contentará con decir su opinión, sino que esperará ser debidamente escuchado y participar en el diseño de sus propias experiencias para que resulten mejores y le lleven a entregar su cabeza y su corazón a esa empresa que siente que le escucha.

⌣

## CASO
# PROGRAMA DE ESCUCHA CONNECTIONS DE AMAZON

Leer casos prácticos de empresas que hayan emprendido proyectos de EX puede abrir horizontes e inspirar a otras para adaptarlos a sus organizaciones.

Para terminar este capítulo, hemos elegido un ejemplo de caso práctico de una de las compañías incluidas en el llamado *The Employee Experience Index* (Morgan, 2021). El caso elegido es el de la compañía Amazon, y el programa de escucha se denominó Connections.

El programa Connections diario de preguntas y respuestas se implementó en toda la compañía en abril de 2017 tras varias pruebas piloto que comenzaron en 2014. Se trata de uno de los programas de RR. HH. más ambiciosos lanzados por Amazon para comprender mejor a su extensa fuerza laboral.

¿En qué consistió? Cada mañana los empleados de Amazon comenzaban su día respondiendo a una pregunta que aparecía en las pantallas de sus ordenadores relacionada con el trabajo, con temas que iban desde opiniones sobre sus jefes hasta la duración de las reuniones o el número de veces que habían recibido comentarios positivos en la última semana. En algunos casos se incluían preguntas más prácticas.

La *CNBC,* en un artículo publicado sobre este proyecto titulado *Amazon Employees start their day by answering a simple question about work (Los empleados de Amazon empiezan el día contestando a una simple pregunta sobre el trabajo)* (Kim, Eugene, 2018), indicaba que se habló con más de una docena de trabajadores de la compañía en aquel momento y con exempleados para tener una idea sobre cómo funcionaban este y otros programas de RR. HH. Algunos expresaron escepticismo sobre Connections, diciendo que no estaban convencidos de que las respuestas fueran verdaderamente anónimas, mientras que los mandos intermedios no siempre estaban seguros de cómo usar los datos.

En aquel momento Amazon partía de una imagen como un lugar de trabajo excepcionalmente exigente que ejercía mucha presión en sus empleados, quedando patente la falta de equilibrio entre el trabajo y la vida personal.

Según este artículo, la cultura del lugar de trabajo mejoró desde entonces, como indicaban las calificaciones positivas en Glassdoor. Por su parte, LinkedIn dijo que sus datos mostraban que Amazon era el empleador más deseable en EE. UU. En las conversaciones que se llevaron a cabo tras la implantación del proyecto, los empleados en general lo describieron como un lugar exigente para trabajar, pero elogiaron su liderazgo y expresaron el orgullo de trabajar para una de las principales compañías de tecnología del mundo.

Sin embargo, en conversaciones con la *CNBC* los empleados cuestionaron el verdadero anonimato del programa Connections y dijeron que temían una posible reacción adversa si aportaban comentarios negativos sobre sus trabajos y jefes. Algunos cuestionaban si debían responder de forma honesta a las preguntas ante el temor de que fueran identificados. Hubo mandos que indicaron que los comentarios de Connections les ayudaban a dirigir a sus equipos, pero alguno dijo que algunas personas preguntaron sobre posibles repercusiones en el caso de compartir comentarios críticos.

Amazon continuó en su empeño de tratar de aumentar el compromiso de los empleados con Connections, y el equipo de People Science de Amazon envió su primer boletín piloto para crear conciencia sobre el programa. El equipo planeó celebrar un seminario web mensual llamado ChimeIn para dar a los trabajadores la oportunidad de profundizar en Connections y realizar cualquier pregunta que pudieran tener. En el boletín, People Science se describe como un equipo que «utiliza los comentarios de los empleados, la ciencia y la tecnología para ayudar a los líderes a resolver problemas del negocio». Según personas familiarizadas con el equipo, People Science forma parte de la organización de RR. HH. y analiza de cerca los datos de Connections.

Muchas compañías de tecnología tienen equipos de People Analytics que ayudan a convertir los comentarios y datos de los empleados en iniciativas de RR. HH. significativas. Aun así, algunos trabajadores no estaban seguros de cuán significativos eran los datos de Connections.

Si bien los empleados se mostraron algo escépticos sobre este programa, fueron más positivos sobre Forte, un nuevo sistema de revisión del desempeño anual puesto en marcha a principios de 2017. Una persona describió Forte como un proceso mucho más positivo en comparación con el sistema de revisión anterior al centrarse menos en las deficiencias y más en las fortalezas para ayudar a alcanzar las metas de un trabajador para los siguientes 12 meses.

El enfoque de Amazon en los aspectos positivos parece justificado por los comentarios que ha recibido de Connections. En un correo electrónico de septiembre de ese año a algunos empleados, según menciona el artículo de la *CNBC* (Kim, Eugene, 2018), Beth Galetti, actualmente vicepresidenta sénior de People eXperience and Technology de Amazon, señaló que los datos de Connections la ayudaron a identificar las tres áreas que marcan la mayor diferencia en la satisfacción laboral de sus empleados: el sentido de progreso en su carrera, la capacidad de usar sus fortalezas en el trabajo y considerar el trabajo un desafío positivo.

Según Galetti, «Esta retroalimentación diaria fue beneficiosa tanto para los empleados como para la compañía al identificar, primero, las fortalezas del equipo y el liderazgo, junto con las posibles oportunidades, a la vez que se construye sobre la cultura de Amazon y, segundo, los momentos de dolor en el camino de ofrecer la mejor CX posible».

Connections es un ejemplo de herramienta de RR. HH. para dar voz al empleado. Del escepticismo mencionado en relación con el anonimato de sus respuestas, cabe reflexionar la respuesta a un par de preguntas clave: ¿entonces ha sido realmente efectivo? y ¿sería un problema el anonimato en una empresa cuya cultura permitiera poner voz al trabajador de forma natural? Es decir, que no existieran miedo a reprimendas ni a ser señalado con el dedo en función de las respuestas. Y, por último, interesa plantear la pregunta estrella, que enlaza directamente con una de las conclusiones mencionadas en la *I Edición del Informe de Experiencia de Empleado* (2021): ¿habrá usado Amazon el *feedback* del empleado de forma efectiva para tomar acciones adecuadas?

Seguramente habrá luces y sombras, porque la EX es muy subjetiva y solamente quien vive y es empleado de un compañía puede ser capaz de trasladar cómo se siente y en qué le ha repercutido participar en un proyecto como Connections, pero de entrada hay que elogiar esta iniciativa de Amazon como un programa innovador ejemplo de escucha que en un momento dado brindó a sus trabajadores una forma de dar su opinión sobre el lugar de trabajo para ayudar a dar forma al futuro de la empresa.

# 2

# EL ENFOQUE

## 1. ¿Por qué cuidar la Experiencia de Empleado y por qué ahora?

En abril de 2021 cuatro millones de trabajadores estadounidenses (el 2.7 %) renunciaron a sus trabajos, la tasa más alta desde que se creó la Oficina de Estadísticas Laborales (Bureau of Labor Statistics). Desde ese momento, más de 15 millones lo han hecho, un ritmo récord que no ha hecho más que empezar. En este mismo sentido, de las conclusiones del informe *The Next Great Disruption Is Hybrid Work—Are We Ready?* (2021), de Microsoft, que contó con la participación de más de 30 000 trabajadores en 31 países, se desprende que cuatro de cada diez empleados están meditando la posibilidad de dejar su trabajo, una proporción que se eleva hasta el 54 % entre los empleados de 18 a 25 años.

Las empresas están tratando de abordar este problema, y muchas seguirán solamente intentándolo por una simple razón: no entienden realmente por qué sus trabajadores se están yendo o, mejor dicho, no entienden a sus empleados. Y se están lanzando a soluciones rápidas, por supuesto bien intencionadas, que fracasan: entre las primeras que se activan están el incremento de salario o de beneficios, la mejora de la flexibilidad o incluso los bonos de permanencia o retención. ¿Y cuál es el resultado? En lugar de sentir que hay un interés real por ellos, los empleados perciben que son más que nunca un valor económico, una mera transacción, lo que les reposiciona aún más en su deseo de abandonar la compañía.

La gran dificultad radica en cómo entender, analizar y activar ese compromiso del trabajador. El enfoque del modelo Onda del Empleado —que no sustituye a otros de gestión de personas—requiere, desde el punto de vista de este, una nueva visión más holística y global que recoja una nueva forma de entender la cultura corporativa, la aportación individual y colectiva, e implica la transformación de los procesos de gestión de personas. Según el informe *Building Business Value with Employee Experience* (MIT-CISR, 2017), las empresas con empleados con mejor EX (cuartil superior) alcanzan el doble de satisfacción del cliente y un 25 % más de beneficios para su organización que las que se encuentran en el cuartil inferior.

## 2. La Experiencia de Empleado no es igual que la Experiencia de Cliente, pero es un buen comienzo

Una primera aproximación que ayuda a transmitir el enfoque del modelo Onda del Empleado a los neófitos en la EX consiste en hacer una analogía entre CX y EX pues, aunque no es cierta en su totalidad, facilita una primera definición. Veamos ahora por qué no es precisamente análoga la relación CX-EX:

- **Los trabajadores son diferentes de los clientes.** Tienen una relación más personal, duradera (o eso esperamos todos cuando empieza una relación profesional) y, sobre todo, continua con sus empresas, plena de interacciones y de momentos diarios, semanales, mensuales y anuales; en esto se diferencian de los clientes, cuyas interacciones normalmente son puntuales. Asimismo, los clientes pueden dejar de comprar los productos o servicios en cualquier momento, mientras que la decisión del empleado es (o debería ser) más a largo plazo y no tan puntual. Los momentos son más importantes, más continuos y más personales en la EX que en la CX.

- **La EX es social y fluida.** Se basa en la cultura y las relaciones con los demás e impacta a muchos más actores como individuos y como parte de un grupo, por lo que va más allá del enfoque en las necesidades de un empleado individual en un momento concreto.
- **Los empleados quieren algo más que un conjunto sencillo de transacciones.** Esto es lo más relevante para el tema en cuestión: independientemente de la transacción más evidente que es tu trabajo por una nómina, los trabajadores quieren y sobre todo valoran un propósito, entender el significado de su labor, formar parte de algo mayor. Desean desarrollar una carrera profesional y ser partícipes de todo ello de forma activa.

Lo relevante del entendimiento de la CX es el apoyo que supone para la comunicación y traslación a la cultura y estrategia de la compañía de la EX: si por fin las organizaciones se han tomado en serio el entendimiento del cliente en profundidad y han conseguido cambiar la cultura de negocio y la revisión de sus procesos, productos y servicios para adaptarlos al cliente, ha llegado el momento de conectar ese entendimiento de la CX con la EX. ¿Por qué si es posible tener esa cultura de CX no podemos implantar la cultura de EX? ¿Por qué a las compañías les preocupan más los clientes que los empleados?

# 3. El enfoque de Experiencia de Empleado en las organizaciones

¿Cómo somos capaces de construir una mayor satisfacción de empleado a través de la EX? Parece sencillo: observar a través de los ojos del empleado y reorganizar todos los procesos de gestión de personas. La EX es una nueva forma de contemplar las relaciones entre las organizaciones y sus colaboradores y de redescubrir los procesos y los momentos a través de los ojos del empleado, pues al fin y al cabo las organizaciones no son entes abstractos, sino comunidades de personas que trabajan para sus clientes y que componen y construyen lo que es y será (de verdad) su empresa. Este cambio de enfoque no es menor, ya que supone reformular y moldear mentalidades impulsando nuevos procesos.

Gary Hamel, en su visión del futuro del *management* (2007), nos transmite una sensación de urgencia, de necesidad, de cambiar las prácticas del *management* actual, que afirma que se basa en teorías del siglo XIX y en prácticas del siglo XX, obsoleto, que no conecta con los problemas del siglo XXI.

Debemos conectar este enfoque de la EX con el ecosistema que compone una organización. Así, para que el modelo resulte efectivo, empleados, directivos y accionistas deben participar en la definición de la estrategia y de las acciones asociadas, y la estrategia de gestión de personas ha de ser clara y estar reconocida y alineada con las necesidades de los empleados y del negocio.

Un primer ejercicio tiene que llevar a entender la cultura de la organización (sus valores, su misión y su propósito) y el modelo de negocio y sus palancas. Posteriormente es necesario entender el estilo de liderazgo y los procesos de la gestión de personas, distinguiendo en qué momento está el departamento de RR. HH. porque el enfoque del modelo Onda del Empleado le permitirá recortar distancias con los trabajadores y con el negocio.

## La cultura de las organizaciones y la Experiencia de Empleado

Un primer punto de partida imprescindible es la cultura de la compañía, pues no se puede forzar un modelo que no hable el mismo idioma que la organización. Esta adaptación del mensaje y del propósito del modelo de Onda del Empleado debe conectar con el propósito de la empresa, con su cultura y con sus valores.

Habría que bajar al terreno de lo accionable la reputada cita «La cultura se come la estrategia en el desayuno» de Peter Drucker para, de una manera más sencilla, concretar que las personas de la organización se comen los planes estratégicos en el desayuno, o incluso antes.

Existe un punto de partida interesante —que no es objeto de este libro—: entender si la empresa cuenta con la cultura organizacional indicada para los desafíos actuales y futuros. La estrategia dice qué hay que hacer y la cultura cómo. La cultura incluye los comportamientos y también los límites: el entendimiento sobre qué está bien y qué mal, sobre qué es importante y qué prioritario, pero por encima de todo, sobre qué hacer y cómo hacerlo.

La cultura de la organización marca algunos de los elementos sobre los que enfocar y construir el modelo de EX que son clave para su éxito: la escucha, la comunicación, el estilo de liderazgo, la innovación, la participación y la cocreación son esenciales para desarrollar este enfoque, por lo que la primera propuesta que debemos diseñar es cómo hacer evolucionar la cultura de la empresa hacia estos elementos.

Un adecuado enfoque de la EX debe sustentarse sobre los cimientos de una correcta cultura organizativa. Veamos ahora algunos ejemplos de factores de la cultura que impactan en la EX de los que recomendamos su análisis respecto a la compañía en la que se desee implantar un modelo de EX son:

- Respeto, pues los empleados quieren sentirse respetados, tratados con consideración, cortesía y dignidad.
- Autonomía y empoderamiento frente a culturas controladoras, de *micromanagement* o burocracia improductiva.
- Sentido del trabajo y propósito.
- Ética organizativa, ya que la compañía respalda los comportamientos éticos y por tanto desaprueba los poco éticos.
- Comunicación abierta, que se traduce en ser una organización que habla y escucha por igual.
- Importancia del bienestar y del lugar de trabajo como elementos que transmiten la cultura organizativa.
- Oportunidades reales de aprendizaje y desarrollo.
- Seguridad en el empleo.

## Liderazgo y Experiencia de Empleado

Mencionábamos anteriormente que la cultura (las personas) se comen la estrategia en el desayuno. Quienes realmente se comen la cultura, los valores y la EX son los líderes de una organización. La verdadera EX está en nuestros líderes (todos los que dirigen directa o indirectamente a personas). Cuando los colaboradores llegan a sus hogares y comparten cómo ha ido el día y cómo es su empresa, realmente están compartiendo cómo le ha tratado su responsable y cómo es su estilo de liderazgo. Para un empleado no hay un estilo de liderazgo ni una EX de compañía más allá de los que su responsable haya volcado en él.

Y este es otro de los elementos clave del enfoque de la EX: centrar el esfuerzo en la cadena de mando, trabajar el modelo de EX con los líderes, porque sin su convencimiento, apoyo y, sobre todo, liderazgo será imposible enfocar correctamente la EX. Un adecuado enfoque de la EX debe construirse desde los empleados y sus momentos, pero también desde cómo perciben esos momentos los responsables de esas personas. Así, es importante tener en cuenta cómo percibe cada momento el *manager* y cómo se le puede ayudar para conseguir una mejor experiencia de sus colaboradores.

Los dos entendimientos son necesarios para que el enfoque resulte correcto, pero sin los líderes alineados se pierde toda tracción del modelo.

## Modelo de negocio

El enfoque de la EX ha de adaptarse al modelo de negocio, a los objetivos que la organización quiere conseguir y a la forma en cómo los logra. Si la compañía está centrada en el cliente *(customer centric),* la conexión será casi inmediata, hablará el lenguaje de la empresa y será más sencillo encontrar las conexiones del modelo de negocio al ciclo de vida del empleado y la aplicación de las mismas metodologías. En este caso el primer ejercicio consiste en sobreponer el modelo de negocio, el ciclo de vida del cliente y el ciclo de vida del trabajador. Más adelante veremos un ejemplo del ciclo de vida del empleado que podría llegar a resultar.

Pero ¿qué ocurre si la organización no es *customer centric*? Debemos conectar el mensaje para explicar el enfoque de la EX con el lenguaje de negocio, porque si las palabras generan realidades, las palabras incorrectas originan desconexión. Si la compañía es analítica y está más orientada a los resultados que a las personas, hay que conectar la EX con los indicadores clave de desempeño (KPI) de la empresa.

Se ha de empezar por los KPI más importantes del negocio, los que están presentes en todas las reuniones del comité de dirección, los que dirigen la estrategia y conforman la táctica. Cuáles son los sabe cada uno en su empresa. Después hay que deconstruirlos: entendiendo cómo las personas impactan en esas métricas, se deben buscar correlaciones entre estos indicadores y aquellos en los que los equipos pueden influir; se trata de un ejercicio fundamental que, invariablemente, dará resultados porque siempre detrás están las personas, y las personas comprometidas y bien enfocadas mejoran todos y cada uno de esos KPI.

Cuando se haya conseguido definir y alinear los KPI con la dirección de la compañía, habrá llegado el momento de medir y analizar la evolución de los distintos elementos de la EX respecto a los KPI de negocio. Así se encontrarán ejemplos de buenos resultados que permiten construir una historia para que los propios *managers* y directores puedan llegar a la conclusión, de manera empírica, de que la EX es lo mejor para sus resultados de negocio y, por ende, para sus accionistas y para ellos mismos.

Cuando se encuentre la forma de conectar a los líderes de la organización con este enfoque al demostrarles empíricamente que invertir en la EX mejora el rendimiento (*performance*) del negocio, dichos líderes trabajarán y confiarán en este modelo para conseguir sus resultados. Es importante generar una metodología, un seguimiento, una rutina, hasta que estén embebidos en la cultura y en el negocio. Más adelante veremos algunos ejemplos de métricas y KPI de EX.

## 4. El enfoque de la Experiencia de Empleado en la función de Recursos Humanos

Según el informe *Building Business Value with Employee Experience* (MIT-CISR, 2017), «A pesar de la importancia reconocida de trabajar este concepto, solo un 9 % de las empresas de las que respondieron a esta encuesta creen que están preparadas para convertir esa realidad de la importancia de la EX en una solución y no en un interrogante». ¿Pero cómo aplicar este modelo de EX en el departamento de RR. HH.? Intentemos descifrar cómo conectar el departamento de RR. HH. con la EX y cómo convertirlo en una herramienta ventajosa para las personas y la organización.

El enfoque de la EX permite tener una visión concluyentemente distinta, más abundante y valiosa, sobre los procesos de la función de RR. HH., como el que descubre que ha estado mirando el problema desde el ángulo equivocado y, de repente, al girarlo, se abre ante un nuevo perfil, un nuevo entendimiento, y encuentra encrucijadas no resueltas, vacíos que rellenar, que se convierten en soluciones distintas a los problemas de siempre. Este constituye uno de los puntos fuertes de acercarse a la gestión de personas desde la EX.

El desafío que tenemos que superar hoy es que la EX no es solo un problema de RR. HH., sino que debe desempeñar un papel destacado en el proceso de diseño, con un enfoque que tenga en cuenta, como ya hemos mencionado, la cultura, la estrategia y el modelo de negocio; pero es responsabilidad de todos los líderes defender y aplicar el modelo dentro de la organización. Aquí radica una de las diferencias con la gestión tradicional: se trata de una metodología de abajo a arriba, donde los análisis, los procesos, los flujos de trabajo, las herramientas y las soluciones se diseñan desde la perspectiva del empleado.

La comunicación tiene un papel fundamental en la definición y el entendimiento de la EX, pues pondremos en marcha muchas de las acciones a través de todos los canales de comunicación apoyándonos en los distintos elementos que permiten recibir la opinión de los empleados: grupos de discusión o *focus groups,* encuestas y entrevistas. Y debe ser claramente el punto de vista (la opinión de los empleados) en el que apoyar la comunicación, donde evidentemente el rol de la dirección desempeñará un papel fundamental.

Hay que ser capaces de crear canales de comunicación directos, estar dispuestos a escuchar para poder trabajar esos momentos de la verdad y los puntos de dolor, diseñar las mejoras mucho más cercanas a la realidad de las personas y hacer que el trabajo realmente tenga sentido. Debemos crear una cultura de retroalimentación libre, y los líderes y los empleados han de ser abiertos y honestos sobre lo que funciona y lo que no para crear círculos de influencia positivos.

Recordemos que se trata de un cambio cultural y este tipo de transformación no se realiza de hoy para mañana. Requiere análisis, foco y determinación, conocimientos, estrategia y, sobre todo, el tiempo necesario; hay que dedicar el esfuerzo ineludible a entender cómo es y cómo quiere ser la compañía, cuál es la realidad y en qué se fundamenta para conseguir los resultados y conectarlo con los KPI correspondientes para poder medir. Por último, se debe dedicar tiempo a construir todo ello desde el empleado, entendiendo su perspectiva y sus percepciones, y, entonces, conectarlo todo: a personas, datos, procesos y resultados. Será así como la EX y el rediseño de procesos llevará a un itinerario nuevo de gestión de personas.

## 5. Modelo de Experiencia de Empleado

En *The Employee Experience Advantage: How to Win the War for Talent by Giving Employees the Workspaces they Want, the Tools they Need, and a Culture They Can Celebrate* (Morgan y Goldsmith, 2017) se estable un cuadro de mando con 17 factores para medir la EX en las organizaciones, agrupados en tres esferas:

1. **Espacio físico.** El tiempo que pasamos en el lugar de trabajo significa que una gran parte de nuestra experiencia está vinculada a la forma en la que está diseñado el espacio y se adapta a nuestras necesidades. Al diseñar los lugares de trabajo, las organizaciones a menudo olvidan que los entornos físicos deben reflejar los valores y la cultura y crear una experiencia óptima para los empleados, para lo que hay que escucharlos y crear estos espacios con y para ellos.

2. **Tecnología.** Con demasiada frecuencia los profesionales de las tecnologías de la información (IT) establecen las tecnologías internas que deciden departamentos de Compras; el usuario final no solo no participa, sino que no se le pide su opinión en la definición de los requerimientos, lo que genera experiencias de usuario confusas que dificultan el trabajo en vez de facilitarlo. A medida que las personas se familiarizan cada vez más con la tecnología de consumo en el hogar, la utilizarán para medir todas las aplicaciones que ofrece la empresa. Todo lo que aumente la complejidad en el trabajo se juzga negativamente. Debemos evitarlo invirtiendo en tecnología útil para el usuario: ¿por qué es más sencillo comprar una impresora en casa el fin de semana que en el trabajo? El empleado no entiende que tenga que encontrarse con trabas y le falten herramientas para desarrollar su tarea. La respuesta es involucrar a los usuarios en la elección de la nueva tecnología.

3. **Cultura.** Los entornos físicos y tecnológicos son relativamente sencillos de entender porque se pueden ver y tocar, pero el entorno cultural es un intangible. Se siente a nivel emocional; se trata de sensaciones que hacen ir o no con ganas al trabajo. Cada organización ya tiene definida una cultura y esta ejerce una gran influencia en cómo se sienten sus empleados respecto a su trabajo y su empresa. El autor identifica el trabajo en equipo como el método clave para garantizar una cultura sólida. Hay que esforzarse por hacer que todos los trabajadores se sientan parte de un equipo productivo y se obtendrán los resultados. Un segundo elemento identificado es el propósito: si se conecta con los empleados, entienden el impacto de todo su esfuerzo y trabajo en los objetivos de la compañía, los resultados pueden ser sorprendentes.

Veamos a continuación un ejemplo de cómo puede llevarse a la práctica la definición e implantación de un modelo de EX.

## ¿Por qué cuidar la Experiencia de Empleado?

Debemos definir el propósito de la EX para la organización. Por ejemplo:

- Aumentar el compromiso y el vínculo emocional del trabajador con la compañía.
- Conseguir una mayor fidelización del talento y ser una empresa más atractiva para la captación de los mejores profesionales.
- Lograr que los trabajadores sean los mejores embajadores de la marca.

## Misión del departamento de Experiencia de Empleado

Hay que definir esa misión adaptada al entendimiento que hemos realizado de la cultura y la estrategia de la compañía. Un ejemplo podría ser el siguiente:

- Facilitar, desplegar y/o desarrollar experiencias positivas que mejoren la percepción que los empleados tienen de su trabajo, de su puesto y del entorno de trabajo para incentivar su compromiso y vínculo emocional con la compañía.

- Involucrar a los empleados en el desarrollo de los principales recorridos *(journeys)*, de manera que la experiencia resulte personalizada, emocionante, convincente y memorable, en un entorno en el que el trabajador se sienta escuchado. La cocreación debe ser el eje del desarrollo de políticas e iniciativas.
- Promover:

  Un entorno de espacios de trabajo saludables.

  Un contexto de trabajo más dinámico e innovador, apoyado en nuevas soluciones y competencias digitales.

  Una cultura de colaboración, transparencia y participación.

  Una toma de decisiones más sencilla y eficiente.

  Un mejor acceso y una mejor gestión de la información en el trabajo.

  Un adecuado desarrollo profesional y humano.

  El bienestar físico, mental y financiero de todos los empleados.

- Atraer, fidelizar, empoderar y alinear todo el talento con la visión del negocio.

## Factores clave de la Experiencia de Empleado

Hemos repasado las tres esferas de Morgan y Goldsmith para medir la EX en las organizaciones. Podemos elegir cuáles son las apropiadas para nuestra organización. Por ejemplo:

1. **Espacio físico:** desarrollar un entorno de espacios de trabajo saludables.
2. **Tecnología:** crear un contexto de trabajo:
   - Dinámico e innovador.
   - Con nuevas soluciones y competencias digitales.
   - Con nuevas formas de trabajo.
3. **Cultura:** crear una cultura de:
   - Colaboración (cocreación).
   - Transparencia (comunicación).
   - Participación (*pulse surveys,* encuestas para saber la opinión y el *feedback* de los empleados).

## Ciclo de vida del empleado

Un buen comienzo para empezar a trabajar y comprender la EX de la mejor manera posible consiste en aplicar el entendimiento del ciclo de vida del empleado (que debería empezar como ciclo de vida del candidato y terminar con el ciclo de vida del exempleado) para conocer los distintos momentos de la verdad por los que pasa a lo largo de su vida en la compañía, lo que llevará al entendimiento de qué es lo que realmente le importa y lo que más le duele. Resulta fundamental no perder el enfoque del modelo respecto a cómo vive el trabajador esos momentos.

Esto obliga a que la organización escuche, no solo hable, y esté dispuesta a aceptar qué están expresando los empleados y a entender cómo lo perciben y sienten. Y esta perspectiva nueva a los departamentos de RR. HH. y a los directivos les suele costar entenderla, pero sobre todo aceptarla y traccionarla.

Con este enfoque del ciclo de vida del empleado (valorando y entendiendo los momentos por los que pasa) descubriremos cómo se siente (que no es como pensábamos que se sentía) y que quedan muchos momentos por mejorar y rediseñaremos los nuevos procesos de gestión de personas. Con estos nuevos procesos, combinados con la ingente cantidad de datos que tenemos en la función de RR. HH. y conectándolos con los KPI de negocio, construiremos un nuevo paradigma: un modelo de gestión de personas basado en la EX.

Veamos a continuación un ejemplo de ciclo de vida del empleado:

1. **Atracción:**
   - **Marca empleadora.** El modelo de EX debe incorporarse a nuestra propuesta de valor al empleado y por tanto a la marca empleadora.
   - **Reclutamiento.** En el siguiente punto veremos un ejemplo de ciclo de vida del candidato para entender qué palancas activar.
   - *Onboarding.* Es la adaptación de los procesos de incorporación a la compañía a este nuevo modelo, poniendo el foco en lo que el nuevo incorporado necesita, pero también en lo que su *manager* precisa y valora. Este modelo ha de retroalimentarse vía encuesta de satisfacción con un volumen de

preguntas con la granularidad suficiente para ir adaptando el proceso de *onboarding* a las necesidades no cubiertas tanto del empleado como de su *manager*.

2. **Desarrollo:**
   - **Formación.** Otro ejemplo claro de impacto en el empleado es el rediseño de los planes de formación y desarrollo teniendo en cuenta las necesidades de negocio y de crecimiento de las personas. El rediseño parte de un ejercicio de escucha activa a empleados y *managers* sobre sus necesidades y del establecimiento de métricas y encuestas que permitan su adaptación rápidamente. Un ejemplo de nueva métrica adaptada a este modelo es la de transferencia al puesto, tanto al colaborador como a su responsable directo.
   - **Desempeño.** Un modelo que mejore la EX influirá en el rendimiento de las personas de una organización. Como veremos más adelante, es imprescindible utilizar métricas y conectarlas con el negocio en un proceso de seguimiento y comunicación.
   - **Promoción y movilidad interna.** La generación de oportunidades de crecimiento influye en la EX. Resulta innegociable tener procesos que fomenten la promoción interna y la movilidad de las personas de la compañía y que cuiden la experiencia del candidato interno del mismo modo que la del externo, aspecto que habitualmente se olvida en la organización porque se cuida más al candidato externo que al interno.
   - **Liderazgo y gestión de equipos.** El modelo de liderazgo, sus competencias, habilidades y procesos, debe adaptarse al nuevo modelo de EX.

3. **Retención o fidelización.** La no fidelización de los empleados es una de las señales que indican que tenemos que trabajar o implantar un modelo de EX. Debemos trabajar los siguientes procesos y herramientas que tienen un alto impacto en la satisfacción y percepción de la EX:
   - **Espacios de trabajo y herramientas.** Los entornos físicos deben reflejar los valores y la cultura y crear una experiencia óptima para los empleados, para lo que hay que escucharlos y crear esos espacios con y para ellos.
   - *Feedback.* Resulta imprescindible una cultura de *feedback* continuo, con afán de mejora.

- **Reconocimiento.** Hay que trabajarlo junto con la celebración de hitos relevantes tanto en la organización como en los equipos.
- **Tener las necesidades elementales cubiertas desde el principio.** Se deben trabajar los elementos que componen la propuesta de compensación total, incluyendo retribución fija, variables y beneficios. La comunicación, transparencia y participación de los *managers* en estos procesos son un buen principio para la mejora de la EX.
- **Conciliación y bienestar.** El cuidado de la salud y el bienestar de los trabajadores en los espacios de trabajo es de vital importancia para la EX. Para empezar, recomendamos trabajar tanto con voluntarios/embajadores como con paneles de empleados para recoger sus opiniones.
- **Gestión del día a día.** Las interacciones del día a día, así como la facilidad para conectar y obtener respuestas a las necesidades que puedan surgir, deben incorporarse al departamento de RR. HH., sea apoyándose en herramientas automáticas tipo *chatbot* o en canales digitales de respuesta inmediata.

4. **Separación:**
   - **Salida de la empresa *(Offboarding)*.** Se trata de un proceso que debemos empezar a trabajar tanto desde la perspectiva de la persona que se va como de la persona que lo gestiona. Este proceso, que contempla la gestión de las desvinculaciones de los empleados de la compañía producidas tanto de forma voluntaria como involuntaria, requiere estandarizar el proceso. Hay que cuidar la EX durante todo el proceso de salida, garantizando la integridad y profesionalización del *offboarding*, unificando la gestión del proceso con los responsables que tienen que realizar una desvinculación de un colaborador, ofreciendo apoyo y líneas claras de actuación.
   *Alumni.* Se ha de favorecer que los exempleados de la compañía continúen siendo embajadores de la marca.

## Ciclo de vida del candidato

La EX arranca antes de que se convierta en empleado, con sus puntos de contacto y sus percepciones; incluso su opinión empieza como candidato, por lo que es imprescindible dibujar también el ciclo de vida del candidato. Veamos un ejemplo:

1. **Atracción:**
   Revisión de todos los impactos y mensajes en los futuros candidatos del proceso.
   Explicitación de la cultura de la compañía, a poder ser con vídeos y *managers* de la empresa.
   Descripción de puestos concreta y simple.
2. **Aplicación.** Hay que redefinir el proceso desde el punto de vista del candidato de los momentos de dolor (muchos canales, proceso no automatizado, ausencia de puntos de contacto y falta de información del estado del proceso).
3. **Proceso de primer contacto.** Ejemplos para mejorar la experiencia en esta etapa son: guía con consejos *(tips)* de ayuda para la entrevista, información previa del perfil del entrevistador, geolocalización del lugar de la entrevista, citas autoagendables, personalización de los mensajes, etc.
4. **Entrevista de RR. HH.** Recomendamos humanizar y personalizar la experiencia: invitación personalizada, mensaje de bienvenida, entrevista sin papel, cercanía y empatía con el objetivo de conocer a la persona, no solo lo que ha conseguido, sino cómo.
5. **Entrevista de negocio.** Incluye: definición clara del perfil y formación a los entrevistadores no especializados para que la experiencia de candidato sea homogénea y coherente.
6. **Fin del proceso y contratación/descarte:**
   Comunicación clara del fin del proceso y de la decisión tomada.
   Entrega de una guía de bienvenida.
   Encuesta de satisfacción a candidatos descartados y a candidatos incorporados al primer y al quinto mes.
   Encuesta de satisfacción al *manager* del área de contratación del candidato.
   Plan de mejora con los *feedbacks* recibidos de todas las encuestas.

# 6. Métricas de la Experiencia de Empleado

Veamos ahora algunos ejemplos de métricas que pueden servir de referencia aun sabiendo que lo más importante es utilizar las que tengan sentido en la compañía en la que se esté aplicando este enfoque para medir su actividad.

Para la implantación, el progreso y el éxito del modelo de EX resulta imprescindible contar con metas específicas, medibles y revisables; si no, no sabremos si funciona, si nos estamos moviendo en la dirección correcta, ni podremos trasladar este modelo a la organización.

En cuanto a la frecuencia, prácticamente todas las empresas deben medir los diferentes KPI de la EX de forma regular (semanal, mensual o trimestralmente), y ninguna medición única proporcionará una imagen completa, por lo que hay que trabajar con una lista de indicadores que se combinen. Algunos indicadores clave de rendimiento son sencillos de medir usando datos fácilmente disponibles de un sistema (ERP) o de nómina; otros se controlan mejor a través de encuestas planificadas, modelos de *feedback* o las métricas de desempeño de la empresa.

## *Employee Net Promoter Score* (eNPS)

¿Recomendaríamos a un conocido trabajar en nuestra empresa? Algunas organizaciones emplean una pregunta sobre la probabilidad de que el empleado recomiende la compañía como lugar de trabajo. Se puede formular la pregunta de diferentes maneras, y la respuesta tiene diversos ángulos, ya que se combinan elementos de carácter emocional que cada uno puede interpretar de diferentes formas. Esta pregunta permite descubrir la simpatía de un profesional hacia su empresa, si es promotor, detractor o neutro, y su evolución a lo largo de las encuestas.

Es importante realizar un seguimiento de esta métrica (mediante encuestas periódicas) ya que desempeña un papel trascendental en el éxito del modelo. Se trata de un indicador que anticipa otros comportamientos: permanencia, rotación, productividad, absentismo y, por supuesto, cómo contribuyen al éxito de la organización. Además, lo fundamental en el análisis no es el dato como tal, sino las conclusiones que podemos extraer de los motivos que llevan a la promoción o a la detracción y que se convierten en palancas accionables de cambio.

Los reclutadores pueden utilizar también esta metodología para calcular con precisión la NPS del proceso de selección, tanto respecto a candidatos descartados como a los seleccionados. Otras empresas miden la probabilidad de que el trabajador recomiende los productos o servicios de la compañía a amigos y familiares. Si un empleado está dispuesto a promocionar la empresa entre su red de amigos, familiares y conocidos, lo más probable es que se encuentre comprometido con su trabajo y con la misión de la organización. Esa es una gran señal de que estamos brindando una EX positiva.

## Compromiso

En cierto modo todos los KPI de esta lista se suman a una medida del compromiso de los empleados. Sin embargo, se puede usar el seguimiento específico para comprender el compromiso de los trabajadores, lo que puede fluir hacia un cuadro de mando de KPI de la EX.

Consultar a los empleados sobre su satisfacción a través de encuestas proporciona información valiosísima que puede ayudar a dar forma a las prioridades y los procedimientos, un auténtico vertebrador del plan de acción para mejorar la EX. Se debe utilizar una encuesta coherente con la organización y su cultura, pero sobre todo un formato detallado, granular, consistente, estable y permanente que permita analizar tendencias y la evolución a lo largo del tiempo.

Hay que combinar preguntas abiertas y cerradas para obtener comentarios cuantitativos y cualitativos, pero especialmente que fomenten la participación: cuanto más numerosa sea, más representativa resultará la encuesta y mayor responsabilidad depositarán en nosotros los empleados.

Se ha de dedicar tiempo a analizar la encuesta y, sobre todo, a poner en marcha el plan de acción, pues hacer la encuesta, fomentar la participación y no hacer nada es la peor de las situaciones que se pueden generar. No podemos alimentar expectativas que somos incapaces de cumplir. Es mejor trabajar sobre pocos indicadores pero llevarlos a un plan de acción con mejora continua. Un análisis profundo y detallado de la encuesta permitirá hacer las siguientes preguntas clave para mejorar la EX:

- ¿Qué preocupa a los empleados?
- ¿Qué les importa?
- ¿Qué les duele?
- ¿De qué hablan?

Lo que les preocupa y les importa requiere un análisis en detalle, y si además analizamos y etiquetamos bien los comentarios abiertos, también veremos de qué hablan. La combinación de estos tres elementos analizando por equipos y categorías determinará claramente por dónde empezar los planes de acción. Respecto a lo que además de importarles y preocuparles a los trabajadores les duele, es una alerta roja, y resulta probable que ya esté influyendo en la rotación, en la productividad y en el absentismo y que ya estemos llegando tarde. Estos puntos de dolor precisan un plan de acción inmediato.

## Encuestas breves o de pulso (*pulse surveys*)

Son inmediatas y aprovechan el poder de la retroalimentación en tiempo real para brindarnos una imagen más precisa del empleado respecto a la pregunta que se formula. Se puede usar esta herramienta para obtener más detalles en situaciones ya detectadas o identificar áreas concretas en las que está influyendo. Este tipo de encuestas permiten además hacer microsegmentaciones dirigidas desde las respuestas de la encuesta de compromiso.

Esta herramienta, que debe constar de preguntas sencillas (una frase breve y fácil de entender), resulta muy valiosa para mejorar y mantener los niveles de compromiso de los trabajadores. En definitiva, ayuda a mejorar rápidamente la EX. Las tasas de participación por departamento son un buen indicador que analizar.

Estos son los principales KPI de medición de la Experiencia de Empleado:

- **Absentismo y permisos.** La medición del absentismo por equipos, áreas y temporadas y su análisis detallado confirmará que los equipos con una mala EX experimentan un incremento tanto del absentismo como de las peticiones de permisos, con los inconvenientes que esto genera para la planificación y organización del trabajo; la conexión con los KPI de negocio es directa.

- **Rotación.** Hay que comparar su tasa (voluntaria e involuntaria) entre equipos, áreas y departamentos, teniendo en cuenta la estacionalidad, lo que permitirá con la metodología del ciclo de vida detectar los puntos de dolor para rediseñar procesos y corregir desviaciones.
- **Bienestar.** Es fundamental incluir datos de bienestar como un KPI relevante; existen diferentes indicadores sobre el bienestar del trabajador, entendiendo, por supuesto, que la información de salud es confidencial y debe tratarse de manera agrupada.
- **Reclutamiento.** Los dos pilares son tanto la eNPS de candidatos seleccionados como la de los descartados.

Otros KPI útiles son la permanencia en el puesto, la satisfacción con el proceso de incorporación, la satisfacción en el puesto (con sus variados elementos: compañeros, ambiente, recursos, herramientas, objetivos claros, propósitos del puesto, etc.) al primer y al quinto mes y observar cómo evolucionan.

También es interesante medir el origen de estas incorporaciones. El volumen de trabajadores que llegan a la compañía a través de referencias es una señal de que en ella los empleados están generalmente contentos y comparten las ofertas y animan a sus contactos a apuntarse. La recomendación, como en la CX, es un buen indicador de salud de la organización.

Otros KPI menos habituales para la medir el impacto de la Experiencia de Empleado son los siguientes:

- **Promociones internas.** Podemos medir numerosos aspectos analizando la política de promoción interna: el número de empleados que se inscriben, la diferencia entre departamentos de la plantilla que se inscribe en términos porcentuales, cuántos trabajadores promocionan, la diversidad de los candidatos internos, medir la eNPS del proceso interno tanto para los seleccionados como para los descartados, etc.
- **Valoraciones de los clientes.** Cabe resaltar el impacto de la satisfacción del empleado en la satisfacción del cliente, pues si bien

no siempre la existencia de correlación implica causalidad, el buen o mal trabajo de las personas o de un equipo influye directamente en la CX.

Recomendamos la creación de un panel o cuadro de mando (*dashboard*) de KPI de la EX. Si poseemos un programa *(software)* avanzado de RR. HH. o con sus sistemas ERP y de gestión de capital humano (HCM), probablemente incluyan docenas de KPI útiles listos para usar. Para necesidades más básicas, se puede armar un cuadro de mando usando una hoja de cálculo. Se pueden configurar exportaciones de datos recurrentes pero estables y consolidados y seguir la misma plantilla cada mes para generar el propio cuadro de mando con KPI esenciales. Los usuarios avanzados pueden desarrollar paneles de control adicionales en potentes herramientas de gestión y visualización de datos que ya hay en el mercado. Una vez que tengamos el panel de KPI de la EX, podremos comenzar a indagar cómo lo estamos haciendo y prestar atención a cómo se mueven los datos y las tendencias.

Pero no es suficiente realizar un seguimiento de los KPI, ya que tener un cuadro de mando por sí solo no es garantía de nada. Hay que hacer que las cosas pasen, poner en marcha iniciativas para mejorarlos con el tiempo, y estas iniciativas, de nuevo, pasan por un modelo de cocreación, de participación de los empleados, para construir las mejoras de la EX.

Recomendamos no implantar metodologías y herramientas intrusivas; fomentemos el autodesarrollo y el conocimiento para mejorar a los empleados. Al recopilar datos significativos, establezcamos un propósito claro y empleémoslos con transparencia para poder dar consejos personalizados.

Identifiquemos los desafíos o las áreas de ineficiencia con los empleados y trabajemos juntos para solucionarlos. Es importante permitir que los líderes sean responsables de su trabajo y, por tanto, resulta fundamental compartir los resultados con ellos para que puedan usar datos para identificar áreas de mejora.

Una cosa es segura: si no realizamos un seguimiento de las métricas de la EX, no tendremos forma de saber cómo lo estamos haciendo, no podremos conectarlos con los resultados de negocio y no seremos capaces de dar continuidad al enfoque del modelo que hemos planteado.

## CLAVES DEL ENFOQUE

- El enfoque de la EX permite contemplar las relaciones entre las organizaciones y sus colaboradores, redescubriendo los procesos de gestión de personas y los momentos a través de los ojos del empleado.

- El enfoque debe sustentarse en el entendimiento de la cultura de la empresa (sus valores, su misión y su propósito) y apoyarse en el modelo de negocio.

- Un adecuado enfoque de la EX ha de construirse desde los trabajadores y sus momentos, pero también tiene que basarse en los cimientos de una correcta cultura organizativa.

- Debemos conectar el enfoque de la EX con el ecosistema que compone una compañía (empleados, directivos y accionistas) para que el modelo resulte efectivo; además, ha de adaptarse al modelo de negocio, a los objetivos de la organización y a la forma de alcanzarlos para poder recortar la distancia entre los empleados y el negocio.

- Es imprescindible para la implantación, el progreso y el éxito del modelo de EX tener metas específicas, medibles y revisables y generar una metodología y un seguimiento hasta que esté embebido en la cultura y en el negocio.

- Con este enfoque de ciclo de vida del empleado (valorando y entendiendo los momentos por los que pasa el trabajador) sustentado en la cultura de la compañía y entendiendo el modelo de negocio, rediseñaremos los procesos de gestión de personas y construiremos este nuevo paradigma al que ya hoy llegamos tarde: gestionar a personas desde la EX.

## CASO

# MODELO DE GESTIÓN DE PERSONAS DE SOUTHWEST AIRLINES Y HERB KELLEHER

Vamos a analizar ahora el caso del modelo de EX de Southwest Airlines, una de las empresas destacadas en el mundo por su modelo de gestión de personas y una de las compañías más relevantes en el The *Employee Experience Index* de Morgan.

Southwest aparece mencionada en la posición 17 con una puntuación de 94.2 (la más alta es Facebook, con 105 puntos) de un *ranking* realizado mediante la entrevista a más de 150 C-level (los CEO y directores generales) en organizaciones globales donde se revisan más de 150 informes de investigación, artículos y estudios de casos y se analizan más de 250 organizaciones globales.

«Southwest Airlines Co. (NYSE: LUV) es una aerolínea de bajo coste estadounidense con sede en Dallas, Texas. Es la mayor aerolínea de EE. UU. por número de pasajeros domésticos transportados al año (a 31 de diciembre de 2007) y la sexta mayor aerolínea por ingresos. En abril de 2017 operaba aproximadamente 3900 vuelos diarios.

Southwest Airlines ha transportado a más pasajeros que ninguna otra aerolínea de EE. UU. desde agosto de 2006 en pasajeros nacionales e internacionales según las estadísticas de transporte del Departamento de Transporte de EE. UU. Es una de las aerolíneas más rentables del mundo, cumpliendo 36 meses consecutivos de ganancias en enero de 2009.

Southwest practica un modelo de negocio muy rentable e inusual en las aerolíneas tradicionales: vuela muchos trayectos cortos, con rápidas rotaciones en los aeropuertos secundarios (más eficientes y menos costosos) de las grandes ciudades y usando principalmente un único tipo de avión, el Boeing 737. El modelo de negocio fue copiado por Michael O'Leary para volver a hacer rentable Ryanair» (Wikipedia).

En la cultura de Southwest hay un elemento fundamental e inspirador, el de su presidente y cofundador, Herb Kelleher. Los líderes inspiradores desempeñan un papel determinante en la EX. Parte de sus mensajes los describen abiertamente en su página web, en la que aparece su cultura, su propósito, su visión y la promesa al empleado (https://careers.southwestair. com/culture).

¿Y cómo ha llegado Southwest a este modelo organizacional y cultural, del que presume, tan altamente imitado? Pues —y ese es el motivo de traerlo aquí como ejemplo— porque es una compañía donde el enfoque está asentado en la cultura de la empresa, en su propósito y en los principios de liderazgo que ponen el foco en las personas, desde la escucha, el empoderamiento y la responsabilidad, y que se debe principalmente a la determinación y a los principios de su líder, Kelleher, cofundador, luego CEO y presidente emérito de Southwest Airlines hasta su fallecimiento en 2019. La revista *Fortune* ha nominado a Kelleher muchas veces como el mejor CEO de EE. UU. Bajo su liderazgo, Southwest se ha convertido en la compañía de transportes más productiva y rentable de la industria. Trabajó de forma incansable la llamada *cultura Southwest,* una cultura de empoderamiento del empleado, de escucha, de celebración y de EX y de CX.

Si tuviéramos que resumir los muchos mensajes compartidos por Kelleher a lo largo de los años, sobre todo en su última etapa, donde participaba en conferencias y eventos, podríamos dilucidar por qué desde mucho antes de que se hablara de la EX ya había una compañía que trabajaba con este enfoque:

## DIFERÉNCIATE POR TU CULTURA

- Enfócate en las personas en toda la empresa y en los procesos. Hazlo público; «así tendrás que hacerlo o ser considerado un hipócrita». Liderazgo y servicio al cliente.
- Tu misión debe estar enfocada en cómo tratar a los clientes internos y externos. Si te enfocas en las personas, «tu misión tendrá sentido y será eterna».

- Ten un entorno donde el empleado realmente participe. El trabajador sabe lo que hay que hacer, y Kelleher le pide que lo haga, además de darle libertad de actuación: «La gente sabe que el éxito de nuestra empresa depende de ellos, no de mí». Hay que «permitirles sentirse libres cuando vienen a trabajar, a ser creativos, a pensar fuera del pensamiento tradicional para fomentar la resolución de problemas y la cooperación». Es el empoderamiento de las personas.
- Reduce la jerarquía y los mecanismos de control. El puesto y el título en sí mismos no significan nada: «proporciona orientación y guías, no reglas». Los líderes están para servir.
- Muestra un interés genuino por las personas. Kelleher defiende que se demuestre tolerancia, paciencia, respeto y empatía. Hay que mantener una política de puertas abiertas.
- Contrata a personas con iniciativa propia y dales un propósito relevante: «Trabaja por una causa digna». «Igual que un albañil no está poniendo ladrillos, está construyendo un hogar para una familia, nosotros con nuestras tarifas estamos permitiendo a una madre ir a ver a su hijo».
- Rediseña tus procesos de selección para hacerlo correctamente; describe a los reclutadores lo que buscas en los procesos de selección y actualízalo con ellos de vez en cuando para que no se olviden de que buscamos en los candidatos «*warrior spirit, servants heart, and fun loving attitude* («espíritu guerrero, corazón de siervo y actitud positiva»). «Selecciona por actitud, entrena las habilidades y busca el potencial en el liderazgo, y nunca contrates malas actitudes». Es la importancia de las incorporaciones.
- Comunica los objetivos con frecuencia y con pasión. «Si los empleados conocen y comparten la estrategia de la compañía, son los verdaderos artífices de que se cumpla». Es el sentimiento de pertenencia e identificación con la estrategia de la empresa.
- Respeta el valor de cada trabajo y tarea y a la persona que lo hace. «Por ejemplo, tenemos el programa Walk a Mile, en el que cualquier empleado puede hacer el trabajo de otra persona durante un día. El 75 % de nuestras 20 000 personas

han participado en el programa de intercambio de empleo. Es una pesadilla administrativa, pero una de las mejores herramientas que conozco para desarrollar la comprensión y colaboración».

- Lidera con el ejemplo, trabaja más intensamente que cualquiera que trabaje contigo; convence a la gente de que esa tarea y ese objetivo son importantes por tus acciones.
- Dedica tiempo a los intangibles. «Le he dicho a nuestra gente operativa, en su mayoría jóvenes, que espero que cuando hablen con sus nietos digan que Southwest Airlines fue una de las mejores experiencias que han tenido; que les ayudó a crecer más allá de lo que habían pensado cuando entraron a trabajar».
- Practica la comunicación abierta, continua, emotiva y divertida. Hay que «mostrar constantemente ejemplos de CX y de los esfuerzos de los empleados para hacer la diferencia y cambiar la vida a los clientes».
- Construye una política de compensación equitativa. «Logramos la productividad a través del entusiasmo y la dedicación de las personas, y también a través de reglas de trabajo que fomenten la flexibilidad y la cooperación arriba y abajo en toda nuestra organización». Es el respeto del excelente desempeño.
- Crea un ambiente de trabajo estimulante. La actitud es contagiosa. «Ciertamente hubo momentos en los que podría haber obtenido sustancialmente más ganancias a corto plazo si hubiéramos tenido otra cultura, pero nosotros no: estábamos mirando por nuestros empleados y a nuestra empresa a la vez».
- Forma en liderazgo y servicio al cliente. «Naturalmente, una aerolínea debe formar a todos los empleados, pero nuestra formación más importante no se trata de cómo gestionar o administrar, sino de cómo liderar. En resumen, cómo funcionan como equipo».
- Toma decisiones rápidamente, estimula con la resolución de problemas y prepárate para adaptarte.

Y todas estas convicciones se resumen en una: «*Lets get rid of management*»: libérate y libera a tu gente del *micromanagement*, «las personas no quieren ser gestionadas, quieren ser lideradas».

# 3
# LA EXTENSIÓN

## 1. La extensión de la Experiencia de Empleado para que las cosas pasen de verdad

La extensión es el pilar responsable de realizar una gestión total de la EX, logrando una visión compartida y alineando toda la compañía con el propósito de la empresa, lo que implica desarrollar un contexto cultural, un ambiente y un estilo experiencial de gestión de personas en toda la organización.

El objetivo final es conseguir una gestión experiencial de empleado extendida de forma orgánica, natural. Se desarrolla a través de acciones y programas, pero como consecuencia de los valores y de la identidad corporativa, como continuidad de lo que la empresa es y valora y de lo que la diferencia.

La gestión experiencial no puede ser puntual en el tiempo ni estar localizada en ámbitos funcionales o jerárquicos; por eso la extensión resulta clave. En un primer momento se pueden trabajar proyectos concretos y desarrollar pilotos, pero para lograr que la experiencia del profesional sea una palanca de la estrategia, se precisa una gestión total.

En los últimos años la EX se ha incorporado al discurso normalizado sobre la gestión de personas pero, como en otros casos, se corre el riesgo de que se convierta en un nuevo lugar común en los informes y los PowerPoint. Una consulta rutinaria en Google de «EX» genera 24 900 000 enlaces.

La I Edición del Informe de Experiencia de Empleado (DEC y Bain & Company, 2021) pone de manifiesto que:

- El 91 % de las empresas consideran que comunican los objetivos con claridad, el 91 % de los empleados, que los comprenden y el 90 %, que se alinean con la misión, la visión y los valores.
- Se autocalifican solo con un 64 sobre 100 cuando valoran sus procesos de medición del impacto de la comunicación en los trabajadores.
- Existe una eficacia elevada comunicando objetivos de forma descendente, aunque valoran sus procesos de comunicación transversal solamente con un 67 sobre 100.

La relación entre EX y rentabilidad es evidente. El citado Informe destaca que los profesionales inspirados, alineados y comprometidos son tres veces más productivos que los insatisfechos, tienen una influencia positiva en la satisfacción de los demás (hasta un 84%), generan más clientes promotores y —algo importante— están hasta cuatro veces más predispuestos a asumir las innovaciones y los cambios.

La experiencia es imprescindible para lograr la excelencia. «Solo cuando tenemos la mejor experiencia podemos dar lo mejor de nosotros mismos» (Gómez Hortal, 2021). Es más, cuando tenemos la mejor experiencia no podemos evitar dar lo mejor de nosotros mismos.

Lograr una extensión realmente eficaz implica trabajar cuatro requerimientos básicos:

1. Alinear la EX con el propósito de la empresa y del profesional, divulgando la visión y los valores y haciéndolos realidad en los momentos clave y en el día a día.
2. Extender las expectativas de la organización de forma vertical y transversal, con claridad y transparencia, valorando si estos

mensajes son escuchados, comprendidos e incorporados como propósitos personales.

3. Asegurar los foros adecuados para tomar decisiones y la participación apropiada. Es imprescindible crear foros de escucha, pero también de expresión, de opinión, de consulta y de participación.

4. Crear una unidad de EX o la figura del director de EX, responsable de gestionar la expansión. Si esta es una clave relevante para la estrategia, tiene que estar representada en la compañía y en el organigrama.

## 2. Alinear la Experiencia de Empleado con el propósito de la organización (y con la expectativa del profesional)

### La importancia del propósito

La EX se define como el conjunto de vivencias que los trabajadores tienen dentro de su compañía. El objetivo es alinear esta experiencia con el propósito de la empresa. Aristóteles en su *Ética a Nicómaco* (Aristóteles, siglo IV a. C) explica el propósito como «aquello en virtud de lo cual se hace algo, o es algo», de manera que solo podemos entender algo completamente en función de su finalidad. Simon Sinek presentó en 2009 su obra *El círculo dorado,* donde diferenció qué hace la empresa (su objetivo), cómo lo hace (su proceso) y para qué lo hace (su propósito). Qué y cómo sirven para satisfacer necesidades, mientras que el propósito tiene que ver con la identidad. Alinear la experiencia con el propósito de la compañía no se logra únicamente comunicando y explicando la importancia de estar alineados, sino cuando las vivencias del profesional son coherentes con el propósito de la organización y le resultan útiles para tener éxito en la consecución de dicho propósito.

Si el propósito de una empresa es, por ejemplo, «asesorar siendo cercanos y aportando sencillez», el profesional debe sentir esta cercanía en su día a día, su trabajo tiene que resultar sencillo de realizar, y también necesita recibir formación, apoyos y recursos para poder relacionarse con el cliente de forma cercana y ser reconocido por su capacidad como asesor.

Para que la experiencia vivida realmente active todo el potencial del compromiso y de la implicación, asimismo debe servir al propósito o a la expectativa de los profesionales, ha de servir también al «para mí». Lo complejo y lo útil consiste en integrar ambos propósitos: corporativo y personal; se requiere este doble alineamiento.

Si esto se consigue, la EX se configurará como una ventaja competitiva; si no, únicamente se puede tener un buen clima laboral, pero sin alto rendimiento, una sólida cultura poco eficaz o un compromiso poco práctico.

Además, la gestión de la experiencia tiene que llegar a todos los niveles jerárquicos y áreas funcionales. Pueden existir islas de experiencia (jefes contentos, directivos contentos y operarios contentos), pero en este caso no se generará un valor diferencial, y nunca de forma sostenible. Un desierto de experiencia, localizado en un nivel o en un área concretos, absorbe y disuelve el compromiso de otros, impidiendo que el potencial de valor se traslade al cliente y a la cuenta de resultados.

Jack Welch afirmaba que «Solo hay tres indicadores que te dicen todo lo que necesitas saber: el compromiso de los empleados, la satisfacción del cliente y el flujo de caja» (García, s. f.).

La relación entre EX, CX y rentabilidad resulta evidente, pero el inicio de la ecuación es la EX. La productividad sostenible la determina el ámbito con la peor EX. Se precisa la consistencia de la experiencia en toda la cadena de valor. Todos los niveles y funciones interactúan, tienen experiencias unos con otros y generan experiencias unos a otros. Se trata de que cada ámbito organizativo, cada función, cada equipo, reciba la experiencia deseada, la adecuada según su propósito personal y profesional.

## ¿Para quién?, ¿para qué? y ¿por qué?

Son las preguntas clave para trabajar la inmersión, las preguntas con mayúsculas. Ante un objetivo o proyecto concreto siempre existen diferentes actores con distintos propósitos y expectativas y que además deben hacer cosas diversas, pero a veces se gestiona a todos como si tuvieran el mismo propósito.

Un posible ejemplo sería el siguiente:

- Crecer en productividad y rentabilidad puede ser la clave para la dirección general, puesto que responde del dividendo al accionista. Un proyecto que genere mejores resultados es el elemento tangible que producirá su experiencia positiva.
- No ir último en el *ranking* es clave para un director regional, puesto que compite con sus «pares». Posiblemente necesite un modelo de seguimiento con predictores y alertas tempranas.
- Gestionar al equipo de ventas es el trabajo de las direcciones de zona, es por lo que les presionan y reconocen. Posiblemente requiera una buena sistemática comercial.
- ¿Pero el comercial de base qué quiere? ¿Cuál es su propósito? A lo mejor busca algo tan natural como tener empatía con los clientes, posicionarse como asesor y construir relaciones de valor. Posiblemente precise un buen modelo de relación con el cliente.
- Además, si cada uno quiere una cosa, ¿por qué usar la misma presentación y los mismos argumentos para todos?
- Lo que es experiencial para el director ejecutivo (CEO), ¿lo es también para el comercial de base o el operario?
- Si la presentación al CEO se prepara considerando su propósito y su logro esperado, ¿por qué la presentación al comercial no se prepara teniendo en cuenta su propósito y su comportamiento esperado?

Hay que comprenderlos todos (cada ámbito y cada rol) y gestionarlos singularmente, generando una coreografía de experiencias que influya positivamente en el propósito de la empresa y en el de todos. Para ello existen metodologías solventes, como el mapa de empatía, el viaje del empleado, el arquetipo y las métricas de experiencia, pero no se pueden utilizar rutinariamente. Hay que identificar los detonadores de experiencia, las vivencias que realmente movilizarán el compromiso, porque los profesionales perciben que son coherentes con el propósito de la organización y, sobre todo, dan respuesta a lo que necesitan. Si no se encuentran los detonadores, se corre el riesgo de gestionar falsos positivos, experiencias amables que generan simpatía, comodidad u otras emociones positivas, pero que no responden a las expectativas críticas de los profesionales.

La extensión se logra a través de entornos experienciales, es decir, de un ecosistema de experiencias que de forma simultánea:

- Alinea las vivencias del profesional con los propósitos organizativos, los valores esperados y la misión, convirtiendo el propósito de la empresa en el de sus profesionales.
- Favorece, posibilita y refuerza los comportamientos concretos y las competencias específicas que permiten al profesional alcanzar los objetivos que la empresa define como éxito.
- Alinea los cómos con los propósitos de los colaboradores, de forma que el profesional realiza lo que quiere ser, su identidad, a través de las maneras de hacer que la compañía propone, reconoce y exige. Así el profesional logra sus propósitos personales, satisface aquello a lo que de verdad aspira y que le motiva.

Steve Jobs afirmaba que «Cuando se está alineado con el propósito no es necesaria ninguna presión; la visión te impulsa» (Del Valle, s. f.).

## Gestión continua y dinámica de la experiencia

La palabra *extensión* viene del latín *extensio* y significa «acción y efecto de que algo ocupe más espacio». Aristóteles define el movimiento como un acto incompleto, ya que «es mientras no es completamente (porque se sigue moviendo), y cuando es completamente ya no es (porque ya no se mueve)» (Aristóteles, s. f.). Sin duda la gestión de la EX también constituye un acto incompleto porque en cuanto se deja de gestionarla empieza a deteriorarse, a pararse, a destruirse.

La EX es un vector crítico para la implantación de la estrategia que siempre tiene que estar trabajándose porque dejarlo de hacer implicará inmediatamente su quiebra. Una gestión intermitente de la EX evidencia la falta de coherencia y de autenticidad, y el profesional responderá de forma inmediata, silenciosa, apenas perceptible pero evidente, alejándose.

# 3. Divulgar visión y valores y hacerlos realidad en los momentos clave del día a día

Gestionar la cultura es gestionar la experiencia y gestionar la experiencia es gestionar la cultura. Parafraseando a Ortega y Gasset, «el hombre no tiene naturaleza, tiene cultura» (Ortega y Gasset, 1932). Para realizar una gestión total de la EX, toda la organización tiene que poner el foco en la persona, ser *people centric,* y esto solo es posible desde una cultura experiencial que dé prioridad a la gestión de las emociones vividas por los profesionales en los momentos clave de su carrera y en el día a día de su trabajo.

## Definiciones y conceptos de la cultura organizativa

Valores, propósito y creencias son algunos de los términos que se utilizan habitualmente al hablar de *cultura organizativa,* algunas veces como pseudosinónimos, creando una especie de macedonia de conceptos, colorida pero poco útil. Podemos definir la cultura de muchas maneras y desde muchas perspectivas:

- **Coloquial.** «La forma en la que aquí hacemos las cosas» (Rodríguez Arzúa, 2020). Esta es una definición práctica y escueta, pero ¿por qué las hacemos así?
- **Causal.** «Conjunto de patrones de comportamiento que las personas y los procesos promueven a lo largo del tiempo». Se tratan de una definición explicativa, pero ¿qué sustenta esos patrones?
- **Axiológica.** «Conjunto de valores y creencias que definen la identidad de la empresa y que se manifiesta en sus profesionales a través de sus actitudes, conductas y decisiones» (Scheiner, 2016).

Así, el objetivo es gestionar experiencias alineadas con valores, propósitos y creencias. ¿Pero qué son?:

- **Identidad.** Hace referencia a lo que resulta propio, característico y diferencial en nosotros. Es lo que somos «nosotros» y no son «los otros». Realmente *nosotros* significa «no-otros». Encontrarlo implica responder a estas preguntas:
  ¿Qué perderían los clientes si esta empresa no existiese?
  ¿Qué perderían los profesionales si esta compañía no existiese?

- **Valores.** Están en la base del comportamiento individual y organizativo. Platón define los define como lo que da verdad, luz y belleza a las cosas. Aterrizando un poco más el concepto, son lo que se considera bueno y deseable y que, por tanto, inspira nuestro comportamiento. Están por consiguiente en la base de nuestra identidad deseada, de nuestro propósito. Lo que realmente tiene sentido para el profesional es asociarlos a momentos y situaciones reales de su trabajo, concretando cómo se deben hacer las cosas en cada caso, en coherencia con los valores declarados. Pero el objetivo consiste en hablar de una gestión experiencial, no estrictamente conductual. La clave es concretar qué vivencias tendrá el profesional como consecuencia de trabajar haciendo realidad los valores y del modo en el que se gestiona al profesional, en coherencia con los valores.
- **Creencias.** Representan un elemento central de la cultura. Ortega y Gasset las define como el «conjunto de convicciones desde las que actuamos e interpretamos el mundo. Las ideas se tienen; en las creencias se está» (Ortega y Gasset, 1942). Expandir la cultura es expandir las creencias. Gestionar creencias implica generar supuestos interiorizados acerca de quiénes somos, cómo actuamos y por qué lo hacemos así, de manera que sirvan a los objetivos, a los motivos y a los propósitos del grupo. Las creencias se consolidan con historias de éxito que demuestran la capacidad de los profesionales para alcanzar los objetivos y superar los retos gracias a ser como somos y creer en lo que creemos. El *éxito* puede ser económico, de rendimiento o de mayor cuota, pero tiene que explicarse y comunicarse como una consecuencia de los valores y de los propósitos, de la manera de ser y de hacer las cosas.

## Gestión de la cultura experiencial en la práctica

La gestión de la extensión de la experiencia ha de hacerse desde un modelo experiencial, teniendo siempre presentes la utilidad y la coherencia de las vivencias con los propósitos personales. Si no se pueden satisfacer estos en el trabajo, se buscará un lugar en el que hacerlo, físico o mental, focalizando en ese territorio todo el potencial, fuera o dentro del trabajo, después o durante el mismo.

## Experiencias clave en los momentos clave de la vida profesional

Para extender la cultura experiencial hay situaciones que exigen atención prioritaria y en las que no se puede fallar: la incorporación, la retribución y la meritocracia son los momentos clave, con mayúsculas:

- *Onboarding*. Es el proceso a través del cual un empleado se incorpora a la empresa, comprende su rol y la estructura y aprende las claves de funcionamiento y culturales. Se trata del primer momento clave. Todo lo que se percibe e interioriza en las primeras semanas tiene una gran pregnancia. Si la empresa no lo gestiona, alguien lo hará. ¿Cómo garantizar la extensión en el *onboarding*?:

  Con ejemplos de historias de éxito logrado haciendo las cosas «como nosotros hacemos aquí las cosas». El relato es más poderoso que la formación. El *storytelling* es crítico en el *onborading*.

  Conviviendo con profesionales que encarnan los valores, son reconocidos y premiados por ello y resultan claramente aspiracionales para toda la organización. El aprendizaje vicario resulta crítico en el *onboarding*.

  Con el reconocimiento, el refuerzo y la visibilidad de todo lo que los recién incorporados hacen bien. Los me gusta *(likes)*, cualquier muestra pública o privada de aceptación, agrado o simpatía, son críticos en el *onboarding*.

- **Retribución.** El profesional tiende a hacer lo que se le pide y, sobre todo, aquello por lo que se le paga. La retribución siempre está de una u otra forma ligada a la productividad y a la rentabilidad, pero es importante que de algún modo se tenga en cuenta cómo se quiere que se hagan aquí las cosas y cuál es el propósito.

- **Meritocracia.** Los criterios en los que se basa concretan lo que la empresa realmente desea, considera valioso y, por tanto, lo que resulta coherente con sus valores reales. ¿Aquí por qué promociona, aquí por qué se demociona? Esas son las preguntas clave. ¿Y qué ocurre si estos criterios no están claros? Las personas necesitan entender, pues si no se es transparente con ellas, se construyen relatos basándose en lo que se ve, se sabe o se cree, y muchas veces en criterios antagónicos con los valores que se dice tener.

## La importancia del día a día

El trabajo se vive, se siente, se disfruta y se sufre todos los días a través de muchos momentos cotidianos que son los que determinan que haya días buenos y días no tan buenos, días grandes y días pequeños. Cuatro elementos influyen de forma significativa en la EX en el día a día:

1. **Jefes.** Siguen siendo la figura principal de relación del profesional con la empresa. Deben encarnar el propósito y la cultura y hacerlo de un modo aspiracional, inspirador y deseable. No es exagerado decir que la mayoría de las dificultades de la gestión de personas se resolverían con un estilo directivo adecuado. «En definitiva, gestionar el compromiso es gestionar a personas» (Ortega Parra, 2013). Una de las principales barreras para lograr el alineamiento de las experiencias del día a día con el propósito y los valores es la presión por los resultados a corto plazo. Resulta fundamental que el liderazgo en la práctica invierta tiempo y esfuerzo en trabajar, desarrollar, reconocer y exigir los cómos coherentes con los valores y el propósito.

2. **Procesos.** Están siempre presentes en el día a día; de hecho, no se puede trabajar al margen de ellos:

    Para ser experienciales, deben diseñarse considerando también la experiencia del profesional que los utiliza.

    Si el profesional participa en su desarrollo por primera vez al hacer los test de usabilidad, llega tarde.

    Otro falso positivo es incorporar al profesional al principio escuchándole y al final formándole. Posiblemente la cocreación, como se desarrolla en muchos casos, sea el falso positivo más frecuente.

3. **Modelos o rituales de gestión.** Abarcan el conjunto de entrevistas, presentaciones y reuniones de seguimiento a través de las que el profesional escucha lo que debe hacer, demuestra lo que ha hecho, explica lo que hará, participa y se toman decisiones. El perímetro de lo experiencial es muy concreto y las preguntas, siempre muy similares:

    ¿Cuál es el papel del profesional en estos modelos de gestión?

    ¿Qué recibe? ¿Puede eso ser experiencial de alguna forma?

¿El ritual aporta facilidad, sencillez, orden, inspiración, diversión o alegría? ¿El profesional recibe asesoramiento, acompañamiento, reconocimiento, estatus, visibilidad, oportunidad de contar o la posibilidad de escuchar?

4. **Lenguaje.** Es un aspecto clave. Resulta muy sencillo: si el propósito y los valores son singulares, el lenguaje también tiene que serlo. No se sugiere la creación de un idioma propio en la empresa, como hizo Tolkien en su saga de *El Señor de los Anillos,* pero las empresas especiales tienen una forma propia y singular de explicar sus claves de gestión y de actividad. A veces cambiando una palabra modifican un pensamiento y la acción. De hecho, si se produce el primer cambio, se dan los siguientes. Hay palabras y expresiones que mueven a la acción y al cambio porque tienen resonancia experiencial y axiológica, están relacionadas con cosas o ideas que hacen sentir emociones y proyectan valores. Son los «resonadores» del propósito y funcionan cuando la gente los incorpora a su día a día, aunque sea para hacer chistes, porque significa que los ha entendido, que ha conectado con lo que significan, porque aportan respuestas nuevas, útiles y comprensibles de lo que se quiere y se tiene que hacer. Recientemente una organización en crisis movilizó la voluntad y la acción de su red comercial con expresiones nuevas llenas de significado para los comerciales como «logros urgentes», «historias de éxito» o «ganar el derecho a la reunión con el cliente». Estas expresiones funcionaron porque junto con otras formaban una «burbuja narrativa» dentro de la que se explicaba y se entendía lo que querían ser y lo que querían hacer. Parafraseando a Wittgenstein, «el lenguaje es creador, influye en lo que podemos percibir, pensar, sentir y llegar a ser. Invertir en palabras es invertir en lo que seremos» (Wittgenstein, 1953).

## El poder del relato

La información puede crear conocimiento y la comunicación crea interacción, pero la conciencia, la inmersión y la inspiración se crean a través del relato. Según el médico y neurocientífico Óscar Villarroya en su obra *Somos lo que contamos,* «Somos una especie narrativa, un *homo* narrador. El relato es la estructura mental que nos define como humanos, una herramienta explicativa para entender el mundo y a nosotros. Construye la realidad en la que vivimos». El relato es la pieza clave para la extensión de la experiencia. A través de él el ser humano se explica quién es, dónde está, por qué pasan las cosas y para qué está aquí.

Nada tiene más seguidores que una buena historia. ¿Qué historia viven los profesionales en la empresa?, ¿merece la pena vivirla?, ¿y ser contada? y ¿es viable que la empresa tenga muchos seguidores en su plantilla sin ofrecer un buen relato? Las vivencias crean emociones y estas generan experiencias que configuran los episodios a través de los cuales nos contamos la historia de lo que nos pasa y también entendemos quiénes somos. No puede haber alineamiento ni inmersión si la organización no forma parte del *storytelling* del profesional. Obviamente el objetivo es conseguir que los empleados sigan el mensaje, se inspiren en él y se promueva el compromiso, pero el objetivo central consiste en que sean agentes activos en el desarrollo del propósito, de la misión, de la estrategia.

No estamos estrictamente hablando de *storytelling,* sino de incorporar al profesional como actor protagonista de un relato; estamos hablando de *storydoing.* Y los entornos gamificados son posiblemente el mejor ejemplo de cómo poner en práctica relatos orientados a hacer y no solo a escuchar, idóneos por tanto para desarrollar el *storydoing.* Una de las personas que mejor ha explicado cómo desarrollarlos ha sido Jane McGonigal, diseñadora de juegos y escritora estadounidense defensora del uso de la tecnología móvil y digital para canalizar actitudes positivas. Ella no utiliza el término *storydoing,* pero en su libro *Reality si Broken* sintetiza con claridad, precisión y detalle a través de los siguientes puntos qué se necesita para lograr lo que ella denomina *una eficacia gozosa,* una sensación de fluidez, logrando éxitos y disfrutando no solo del resultado, sino también del proceso:

- Lo primero es proponer al profesional una misión épica personal con la que se sienta atraído, se sumerja y dé sentido a su personaje y al grupo en el que está integrado. Como afirmaba *Jag Randhawa en su libro The Big Idea Box,* «Todos los empleados tienen el deseo de contribuir a algo más grande que ellos mismos».

- El *storydoing* requiere facilidad, especialmente al inicio de cada proyecto o misión, es decir, que sea muy fácil entender lo que hay que hacer y cómo empezar a hacerlo.
- Por tanto es importante que la dificultad de los objetivos sea creciente, de menor a mayor. Un historial de éxitos desarrolla capacidades y refuerza la motivación para afrontar una escalera de dificultades.
- Algún receso después de un gran esfuerzo ayuda a recuperar las ganas de seguir adelante y de asumir retos mayores. Exigir siempre dificultades crecientes lleva al agotamiento.
- Las sorpresas activan y renuevan la atención y con ella el esfuerzo y el rendimiento. Exigir siempre lo mismo y de la misma manera lleva al aburrimiento.
- Los salvavidas o ayudas inesperadas que se reciben cuando se tienen dificultades especiales para superar un reto son muy de agradecer. A nadie le gusta esforzarse sin resultados, sobre todo cuando resulta evidente que no se va a lograr el objetivo.

Una gestión optimizada del *storydoing* está orientada al éxito, no al seguimiento, e incorpora sistemas de alertas tempranas que avisan del riesgo de fracaso antes de que sea evidente e ingestionable. La visita de un entrenador *(coach),* el apoyo del jefe o el enlace a un tutorial son algunos de los recursos que evitan rezagados y frustraciones:

- El *feedback* constante resulta imprescindible. Es muy inteligente que la empresa sea generosa con los *likes* y muy difícil pecar por exceso de reconocimiento. Cuando este es frecuente —pertinente pero frecuente—, no debilita la cultura de la empresa, sino que la humaniza.
- Niveles, estatus y premios son también elementos dinamizadores de la motivación. Se trata de reconocimientos que conectan y reconocen el avance del profesional y lo que va logrando llegar a ser. A lo mejor no hay dinero para todo ni promociones para todos, pero los elementos anteriores son inagotables.
- Hay que evitar la percepción de que todos los días son iguales y de que vivimos atrapados en el tiempo.

Las etapas del *stoydoning* deben tener resolución. Los objetivos se han logrado, si procede se reconocen el status conseguido y los niveles alcanzados, las posiciones en el *ranking* se celebran en una ceremonia y se pasa al siguiente episodio en el camino hacia el logro de la misión épica.

Poner en práctica todo esto requiere intención, innovación e interés. No es evidente ni fácil, pero la buena noticia es que se requieren cualidades y competencias muy humanas.

## 4. Gestionar expectativas, las de la organización y las del profesional

Las expectativas concretan las aspiraciones, las predicciones y las ilusiones. Actúan como una brújula interior de la acción, ya que son creencias sobre lo que puede ocurrir, sobre lo que se puede lograr. En un contexto experiencial gestionar las expectativas de la organización implica compartirlas, extenderlas, explicarlas y valorar si se entienden y se asumen como propósitos colectivos. Pero se trata de una gestión bidireccional. Se precisa también gestionar la expectativa del profesional, lo que implica:

- Dejar claro que se entiende al profesional en su contexto, lo que necesita, le ocurre y espera.
- Explicar qué apoyos recibirá de su jefe, de RR. HH., de la organización y de los sistemas y procesos.
- Explicar qué sistema de premios, reconocimientos y en su caso castigos se asocia a la realización o no de las expectativas de la compañía.
- Comunicar cuáles son las obligaciones y cuáles las prohibiciones.

Los momentos más difíciles, los esfuerzos *(pains)* más importantes del profesional, los que más deterioran su compromiso y su rendimiento, no tienen tanto que ver con las dificultades para realizar su trabajo como con la disonancia entre la realidad y las expectativas generadas. En estos casos se pueden generar profesionales zombis, emocionalmente desactivados y, lo que es peor, con necesidad de encontrar audiencia sobre las causas de su frustración.

No se puede tener una empresa perfecta en la que todo y todos estén alineados siempre, pero sí un modelo de gestión de las expectativas con sistemas de escucha y alertas tempranas que nos permitan identificar posibles desalineamientos antes de tener que gestionar alarmas y conflictos.

Los OKR (mezcla de objetivos e indicadores clave de rendimiento [KPI]) concretan el resultado esperado y sirven para comunicar y exigir lo que la organización necesita de cada profesional y de cada unidad. Objetivos y KPI de negocio, de experiencia y de maneras de hacer aportan *feedback* sobre cómo se están haciendo las cosas y ayudan también a extender las expectativas más cualitativas. Posibilitan además entender por qué se logran o no los resultados previstos y así desarrollar procesos de mejora. Si solo se mide la productividad, se entra exclusivamente en dinámicas de exigencia.

Lo idóneo es trabajar con pocos indicadores de CX y EX, centrados en la promesa de valor de la organización y recogidos de forma inmediata en sus interacciones con la empresa. Combinar OKR de negocio y OKR de experiencia permite:

- Tener una visión global de lo que logramos y cómo.
- Anticipar posibles desviaciones en el plan de negocio y/o en el propósito.
- Localizarlos en unidades y/o momentos concretos.
- Establecer relaciones causales entre los ques y los cómos.
- Posibilitar procesos de *coaching,* apoyo y desarrollo.

Lo importante no es tener los KPI, sino entender al profesional. Por eso lo crítico es saber qué hay detrás de cada número, tener una comprensión clara de lo que los profesionales están pensando y sintiendo, entender por qué está ocurriendo así y cuáles son las claves que hay que gestionar para mejorar la experiencia. Y para conseguirlo necesitamos un sistema completo que integre cuestionarios, escucha en redes sociales, actividad en la intranet, los KPI, creación de foros activos horizontales y transversales sobre temáticas concretas o la mera etnografía.

Finalmente, podemos cerrar el círculo (bucle de extensión *[extension look])* con un sistema que identifique las desviaciones de experiencia más críticas, analice momentos concretos hablando con profesionales concretos y tome las decisiones adecuadas para recuperar la experiencia deseada.

## El profesional como protagonista en la extensión de la expectativa

Existen tres tipos de indicadores muy sensibles para valorar la EX. Son, de menor a mayor relevancia, los siguientes:

1. ¿Qué audiencia tienen los mensajes? ¿Cuántas entradas hay en los foros de la intranet? ¿Cuántas asistencias a los cursos en línea son voluntarias? ¿Cuántos *likes* reciben las entradas y cuántos artículos *(post)* corporativos aparecen en la cuenta de la empresa en las redes?
2. ¿Qué participación se logra? ¿Los mensajes de la organización se comparten, se renvían o se comentan?
3. ¿Qué nivel de actividad creativa de nuevos mensajes y contenidos demuestra la plantilla? ¿Se generan autónomamente contenidos relacionados con el propósito, los valores o las expectativas? ¿Aportan enlaces con contenidos relevantes relacionados con las publicaciones que realiza la empresa?

Partiendo de la escucha activa, procede desarrollar un plan de *endomarketing* que se focalice en trasladar y extender las expectativas de la organización acerca de lo que ofrece y espera. El *endomarketing* permite:

- **Atraer la atención del profesional.** Esto no es ni fácil ni evidente.
- **Generar inmersión.** Después de la atención interesa lograr interés, deseo de saber más, de conseguir seguidores, y para ello es imprescindible crear contenidos en entornos multiplataforma (intranet, cursos, blogs, vídeos, chats, redes sociales y todo lo que los profesionales usan en su vida) que permitan y estimulen que la audiencia quiera profundizar y pueda consumirlos según su interés, sus preferencias, su curiosidad y su necesidad.
- **Lograr apóstoles, activistas y foros de recomendación *(advocacy)*.** La expansión de las expectativas se está desarrollando adecuadamente cuando conseguimos que los propios profesionales

creen contenidos de forma autónoma, den respuesta a dudas en blogs y defiendan el propósito de la empresa en redes sociales, es decir, cuando logramos que se conviertan en divulgadores generadores de contenidos.

## El *endomarketing* en la práctica

Desde la perspectiva del profesional, un plan de *endomarketing* tiene tres fases: descubrimiento (de qué me están hablado), experiencia (ahora que me intereso y participo entiendo qué es) e inmersión (me gustaría saber más y quiero crear). El desarrollo de cada fase se sintetiza en el siguiente gráfico:

**Gráfico 3.1.** Pasillo de inmersión

| FASES | DESCUBRIMIENTO | EXPERIENCIA | INMERSIÓN |
|---|---|---|---|
| Qué hace | SMELL · TASTE | ONBOARDING · PARTICIPACIÓN | EXPLORACIÓN · CREACIÓN |
| Qué piensa | «¿Debo probar?» «¿Me gustará?» «¿Es para mí?» | «Estoy dentro» «Ahora veo lo que es» | «Quiero más» «Quiero hacer cosas» |
| Pensamiento social | «¿A mis amigos le gusta? «¿Qué pensarán de mí si me gusta?» | «¿Sería mejor si lo hiciera con mis amigos? «Si no están, se lo contaré» | «¿Qué piensan los demás?» «¿A quién se lo puedo contar? «¿Puedo conseguir más?» «¿Cómo puedo contribuir?» «Quiero ser parte de esto» |
| PALANCAS | PROPOSICIÓN ▶ COMUNICACIÓN ¿Para qué? ¿Tiene sentido que lo hagas? Qué sentido tiene para ti. | INFORMACIÓN FORMACIÓN FACILIDAD Gestionar adecuadamente los MOT, los PAIN y los WoW. | VISIBILIDAD ▶ RECONOCIMIENTO Garantizar *feedback*, cocreación, autonomía, liderazgo, apoyos, visibilidad |
| NARRATIVA EXPERIENCIA DESEADA | ME INTERESA \| SÍ QUIERO | ME GUSTA \| MERECE LA PENA | ESTOY FELIZ \| TE VOY A CONTAR |
| HERRAMIENTA | ARQUETIPO MAPA DE EMPATÍA | PASILLO DE EMPLEADO | PLAN DE INMERSIÓN |
| CLAVE | PROPOSICIÓN DE VALOR PARA EL EMPLEADO | DISEÑO DE LA EXPERIENCIA | GESTIÓN DE EPISODIOS |

Hacerlo de este modo es realizarlo de una forma genuinamente experiencial porque:

- Se parte de la narrativa de experiencia que el profesional quiere tener, lo que quiere que le pase y lo que quiere contar que le ha pasado.

- Se crea un universo expandido de contenidos en torno al propósito y a los valores que permite al profesional realizar la inmersión, escogiendo contenidos y plataformas, profundizar, sumergirse y extraer los elementos que necesita para realizar su trabajo, desarrollarse y crecer (Scolari, 2013).
- Se puede hacer con cierta autonomía y capacidad de creación, tomando elementos concretos de los contenidos que la empresa comparte y generando otros nuevos.

# 5. La extensión de la experiencia en la práctica

Existen algunas empresas nativas en EX y seguro que en los próximos años aumentarán, pero hasta entonces se requerirá una unidad organizativa responsable de la extensión de la experiencia.

## La dirección de la Experiencia de Empleado

Gestionar la EX implica evidentemente gestionar a personas, por lo que se trata de una función troncal que alcanza a toda la organización. Lo adecuado es que esté situada en una unidad con responsabilidad sobre toda la empresa y también extendida a través del organigrama, con responsables de la EX en todas las unidades.

También es posible su ubicación fuera del organigrama convencional, creando un grupo director de EX en el que estén representadas todas las unidades que tendrán un papel relevante en la gestión de la experiencia: RR. HH., organización, tecnología, innovación, comercial, comunicación interna, etc.

Este grupo director puede definir objetivos, priorizar, asignar trabajos, realizar seguimiento y validar la actividad de diferentes grupos de trabajo que se responsabilizan de desarrollar experiencias concretas.

¿En qué nivel organizativo se ubica la unidad de EX? Dependerá de si la experiencia del profesional se entiende como una ventaja estratégica o como un elemento facilitador de la estrategia. Si consideramos que las personas son la estrategia, tenemos que ubicar la unidad en un nivel que garantice la capacidad de interlocución y de relación con los altos directivos de las otras unidades, posiblemente en una dirección corporativa. Pero si consideramos que la experiencia es simplemente un elemento que hay que incluir en los diferentes procesos, herramientas y proyectos de la compañía, será suficiente un nivel de mando intermedio o especialista.

## El Customer Employee Experience Officer (CEXO) o director de Experiencia de Empleado

La misión de una dirección de EX es garantizar el alineamiento y el compromiso de los profesionales con el propósito, la cultura y la estrategia de la empresa a través de la gestión de su experiencia, lo que implica:

- Definir la estrategia de la EX y coordinar su desarrollo.
- Garantizar la propuesta de valor de la empresa a los profesionales, concretando los elementos tangibles y haciéndola realidad en los momentos clave.
- Conocer la experiencia actual de los profesionales y diseñar la deseada mediante un conocimiento preciso de sus arquetipos y de sus viajes.
- Diseñar y coordinar la implantación de la experiencia deseada gestionando MOT y PAIN.
- Definir y desplegar el modelo relacional.
- Definir y gestionar los planes de *endomarketing* y de inmersión.
- Gestionar la VoE. Definir y gestionar los KPI críticos.

Todo lo anterior se concreta en el diseño y la gestión del plan director de la EX.

Estas responsabilidades exigen un perfil profesional muy característico, el *perfil T,* denominado así porque posee una especialización vertical y profunda en un ámbito o en una función concreta pero una visión y experiencia transversal en otras funciones. Un perfil así es el idóneo para trabajar colaborativamente con otras unidades, entendiendo lo que pueden necesitar y lo que tienen que aportar en proyectos transversales.

El gestor de la EX tiene que ser un experto en gestión de experiencias, con conocimiento de las metodologías y de las herramientas específicas para entender la voz del profesional, conocerle en profundidad e identificar y gestionar sus MOT y sus PAIN. Pero su responsabilidad fundamental es el diseño y la implantación de la estrategia y del plan director de la experiencia. Por este motivo, el perfil de la posición requiere un profesional que sea:

- Un antropólogo cultural, un experto en la cultura de la organización, con conocimiento profundo de las creencias, las coaliciones dominantes, los profesionales con influencia real, los rituales y leyendas no oficiales, los significados de lo que se dice y de lo que no se dice y los símbolos que se utilizan.
- Conocedor de la estrategia de la empresa, del plan comercial y de las responsabilidades y funciones de las unidades principales, de manera que puede anticipar la influencia de las diferentes decisiones en cada una.
- Capaz de entender la voz y el interés de la alta dirección, de los mandos intermedios y de la línea básica de gestión, lo que le permite conectar las experiencias deseadas entre los diferentes niveles de la línea jerárquica.
- Una persona con dominio de los modelos de gestión y de la sistemática de dirección de equipos, de modo que sabe cómo granular la experiencia en el día a día a través de la actividad de los líderes.
- Alguien con visión y conocimiento transversal de las prácticas de retribución, formación, desarrollo, evaluación y reclutamiento, lo que le posibilita gestionar la experiencia del profesional en su viaje en la empresa.

⌣

## CLAVES DE LA EXTENSIÓN

- La esencia y la clave de un proceso de extensión de la EX consiste en tener presente en todo momento que estamos gestionando posiblemente lo más complejo, sutil y humano: la emoción, lo que las personas sienten trabajando en la empresa, lo que les aporta, les conmueve, les atrae, les ilusiona y les compromete.
- Aunque no existen recetas, ser generoso con el reconocimiento, el *feedback,* la participación, el acompañamiento, el conocimiento profundo de las personas y un genuino toque humano nunca será un error.

- Cuando se diseñan acciones, comunicaciones o programas, quizás lo más importante sea nunca dejar de mirar y de anticipar la influencia que tendrán en las personas, y más concretamente, qué van a sentir y qué van a contar que les ha pasado, porque al final todo lo que le ocurre a una persona o a un grupo de personas lo estructuran en una historia en la que explican y se explica la emoción que sintieron.
- En la empresa todo lo acabamos llevando a un conjunto de KPI, pero si queremos el compromiso de las personas, lo que estamos trabajando realmente son las emociones. En un proceso de diseño de extensión de experiencia hay que preguntarse en cada paso: ¿qué van a contar en su círculo familiar y social sobre esto y por qué? ¿Cuál va a ser la narrativa de su experiencia vivida?

⌣

## CASO
# NIKE, EL PODER DEL PROPÓSITO

Nike es una empresa que necesita poca presentación. Se trata de uno de los grandes fabricantes de ropa, calzado y equipamiento deportivo. Fundada en 1968, actualmente emplea a más de 73 000 trabajadores, distribuye sus productos a través de una red de 1050 tiendas en todo el mundo y su facturación supera los 45 000 millones de euros anuales.

Pero para empezar por el principio hay que responder a una pregunta: ¿por qué Nike se llama Nike? En el año 490 a. C. en la llanura de Maratón, durante la Primera Guerra Médica, tuvo lugar un enfrentamiento entre el ejército persa de Darío I y el ejército ateniense y sus aliados en el que vencieron los aliados griegos, pero las tropas persas se embarcaron intentado llegar a Atenas por mar y tomarla, lo que sería fácil si lograban hacer creer a los atenienses que habían perdido la batalla y, por tanto, que lo mejor era rendirse. Resultaba por ello crítico que alguien informase a la ciudad, antes de la llegada de la armada persa, de la victoria de la coalición griega. Para eso estaban los hemeródromos, un cuerpo de mensajeros capaces de correr durante 24 h y cubrir distancias superiores a 200 km en una jornada. Uno de estos hemeródromos recorrió los 42 195 m que separan la llanura de Maratón de la ciudad de Atenas, llegando antes que la armada persa e informando de la victoria con la expresión *Nenikekamen* («Alegraos, hemos vencido»). La cultura popular señala a Filípides como el hemeródromo de la historia, pero es muy improbable que fuera él. Heródoto afirma que corrió unos días antes de la batalla los 245 km que separan Atenas de Esparta pidiendo apoyo militar, por lo que resulta improbable que sus piernas diesen para mucho más.

Volviendo a lo relevante de la historia, *nike* en griego clásico significa «victoria», y la diosa Atenea Nike en la mitología griega es la diosa de la victoria. El logo de Nike, creado en 1971 por Carolyn Davidson, el denominado *swoosh* (susurro), tiene clarísimas similitudes con las alas de las esculturas clásicas que representan a la diosa Nike.

Es en esta historia, en este relato, donde se encuentran las raíces y los fundamentos del propósito de Nike. Se trata de un relato de superación, de esfuerzo, de reto, con el que difícilmente pueden competir otras marcas. *Nike,* cuatro letras, son en realidad el texto madre del *storytelling* corporativo de la marca, y todas sus campañas publicitarias son textos orbitales de este propósito central. El arquetipo de marca de Nike es «el héroe». El «Solo hazlo» *(«Just do it»),* el éxito, la victoria, la superación, están al alcance de todos.

De esta manera, en Nike la EX, la CX, la experiencia de marca y la experiencia de producto se alinean en torno a este propósito central: todo el mundo lleva un héroe dentro que forma parte de una comunidad capaz de autosuperarse con objetivos compartidos, esfuerzo individual y trabajo en equipo. De alguna forma Nike ha sido y es un agente clave en el surgimiento y la dinamización de la subcultura del deporte, especialmente a partir de 1985, con la incorporación de Mikel Jordan como icono de sus campañas.

Nike entiende bien cómo la CX se genera desde el propósito y también entiende la criticidad de comprometer a los profesionales con él. En la gestión por valores lo idóneo es contratar a profesionales con los mismos valores que los de la empresa, mientras que en la gestión del propósito lo ideal es contratar a profesionales con el mismo propósito que la compañía.

La selección está en la base de la política de personas de Nike: contratar a clientes para que sirvan a los clientes, a deportistas que diseñan, desarrollan y sirven a otros deportistas («para corredores por corredores» *[«for runners by runners»]*). Se trata de contratar a deportistas, a apasionados por el deporte, que trabajan escuchando y asesorando a otros deportistas que hacen lo mismo que ellos, esforzándose todos por el logro de retos que permitan alcanzar una mejor versión personal, es decir, ayudando a otros y a sí mismos a mejorar.

Una vez recogida la «materia prima idónea», reclutados empleados que viven el propósito, es crítico mantener el compromiso y el alineamiento en el día a día, y Nike lo trabaja de una forma sencilla pero robusta aplicando tres sencillos principios en la gestión de su cultura:

1. **Cambiar la vida de las personas y de la comunidad a través del deporte.** Es la esencia del propósito. En coherencia, la base para la gestión del talento no está realmente en los contenidos formativos ni en la plataforma o la tecnología, sino en la gestión básica del modelo, centrada en la inspiración, la motivación, el desafío y el acompañamiento, como en el deporte.
2. **Integrar vida y trabajo.** La central de Nike en Beaverton (Oregón) es un centro de alto rendimiento deportivo y profesional. Trabajar se entiende como un proceso de superación. Se trata de un alto rendimiento fundamentado, como en el deporte, en el juego colaborativo y en el liderazgo situacional. El equipo es más fuerte que la individualidad. Cada situación (cada momento del partido) requiere liderazgo, por lo que la flexibilidad es clave.
3. **Lograr con innovación, disciplina operativa y excelencia funcional la superación, la capacidad de competir.** Como se hace en el deporte.

Nota: el contenido estrella de los programas de desarrollo de Nike es el desarrollo de competencias para el trabajo en equipo.

Así, la manera de gestionar el propósito y la experiencia está alineada y es coherente. Posiblemente no todo el mundo puede trabajar en Nike, y seguramente esto no dependa tanto de la formación como del propósito personal de los empleados.

En 1985 Nike incorporó a Jordan como un icono central de su publicidad y fue un éxito, pero hoy sus campañas se centran en reconocer y rendir homenaje a la comunidad de deportistas, empezando por sus empleados. En agosto de 2021 Nike lanzó la campaña Ask Sur Athletes, centrada en mostrar la vida de algunos de sus trabajadores de la red minorista y su pasión por el deporte. Por primera vez su publicidad se desarrolló desde dentro, desde las personas para las personas. Fue un modo de hacer de los empleados una palanca competitiva, demostrando al cliente el plus de servicio que recibirá, ya que no es atendido por un vendedor, sino por un miembro de su misma comunidad que comparte sus valores, sus objetivos y su pasión.

Todo esto funciona. Nike ocupa la posición número 20 en EX en el *ranking* mundial elaborado por *The Employee Experience Index,* con una puntuación total de 94/100, destacando especialmente en la valoración de la gestión de su cultura. Las valoraciones anónimas que sus empleados hacen, por ejemplo, en www.indeed.com son coherentes con su filosofía de gestión de la EX. Son mayoritariamente positivas o muy positivas, y en ellas se destacan el equilibrio vida personal/vida profesional, la diversión, la sorpresa, el dinamismo, la oportunidad de crecer, el trabajo en equipo e incluso la aventura.

Una buena síntesis de este caso es afirmar que Nike procura tratar a sus empleados como a sus clientes porque realmente también lo son. Quizás por esto *Diffusion Sport* señala que Nike es el segundo mejor lugar para trabajar, solo por debajo de Apple. Nike diseña, gestiona y extiende la EX dando respuesta a:

- ¿Qué relato subyace, soporta y da sentido al propósito empresarial?
- ¿Por qué este propósito atraerá al perfil de empleados idóneos para desarrollarlo y activará su compromiso?
- ¿Cómo garantizamos el propósito y damos continuidad y consistencia a la EX a través de nuestro modelo de gestión?

# 4

# EL ENTUSIASMO

## 1. ¿Qué es el entusiasmo y cuáles son sus mecanismos de activación en la Experiencia de Empleado?

¿Cómo lograr que los profesionales de una organización estén entusiasmados? ¿Cómo hacer que una persona esté implicada y motivada para querer ir más allá y aportar lo máximo? El entusiasmo tiene múltiples definiciones, ligadas en muchos casos a elementos de exaltación, a la admiración hacia una persona, un proyecto o una causa. Sin duda, desde tiempos ancestrales ha sido un vector de empuje para la humanidad. ¿Qué hubiera sido de muchos de los inventos o descubrimientos sin la motivación? ¿Alguien puede imaginarse a Magallanes sin entusiasmo por descubrir y explorar nuevos mundos o a Leonardo da Vinci sin motivación por volar? ¿O a Marie Curie sin entusiasmo por descubrir el radio? Exaltado o no, es consecuencia de las motivaciones que una persona vive a lo largo de su existencia. En el mundo empresarial ser capaz de detonar lo que mueve al otro resulta clave. Es aquí donde la EX se convierte en una potente herramienta que, bien aplicada, a través de la escucha y la empatía, ayuda a movilizar a los profesionales de una organización.

## La psicología en busca del sentido de motivación

La psicología lleva tiempo tratando de concretar qué mueve al ser humano. La más conocida de las teorías es la definida por Abraham Maslow en su archiconocida pirámide. Este psicólogo estadounidense parte de la base de que el hombre siempre desea algo y verá sus necesidades cubiertas según unos niveles de jerarquía en función de su importancia. En el artículo «La teoría de la motivación humana» (*A Theory of Human Motivation,* 1943) y en su libro *Motivación y personalidad* (*Motivation and Personality,* 1981) ya exponía y buscaba explicación sobre lo que hace a la gente más feliz y autorrealizada. El ser humano ansía autorrealizarse, crecer como persona. ¿Qué hace falta? Indudablemente contar con el ambiente adecuado. A lo largo de la pirámide, y según se asciende en sus peldaños, estas aspiraciones y necesidades adquieren un orden mayor. Como si de una gincana vital se tratara, ascender de posición en posición lleva al *summun* de la existencia, la autorrealización, que representa el impulso que tiene una persona, la motivación que antes se apuntaba, para poder ser todo lo que se puede ser y comprender el crecimiento, la realización del propio potencial y la autorrealización. Consiste en emplear todas las habilidades propias para ampliar al máximo el talento.

**Gráfico 4.1.** Pirámide de motivación de Maslow

Fuente: *Motivation and Personality* (Maslow, 1981).

Para aspirar a las metas de autorrealización, antes han de cubrirse las necesidades anteriores, como la alimentación o la seguridad. Por ejemplo, una persona solo se preocupa de temas relacionados con la autorrealización si está segura de que tiene un trabajo estable, comida asegurada y amistades.

En la pirámide de Maslow estas necesidades se organizan desde las más básicas hasta las más complejas, creando una jerarquía compuesta por cinco niveles. Las necesidades básicas se ubican en la base de la pirámide, mientras que las más complejas se encuentran en la parte alta. Pero han sido varios los autores y científicos que han tratado de confrontar esta teoría. Por ejemplo, Wahba y Bridwell, quienes en un artículo escrito en 1976, «*Maslow Reconsidered: A Review of Research on the Need Hierarchy Theory*», la cuestionaban apelando a que es una «teoría que tiene pocas evidencias». Por otro lado, en una publicación de 2011 investigadores de la Universidad de Illinois (Tay & Diener, 2011) realizaron un estudio con la participación de 60 865 personas de 123 países donde pusieron a prueba la pirámide y descubrieron que la satisfacción de las necesidades correlacionaba con la felicidad de la persona. En esta investigación, al contrario de lo que ocurre en la teoría de Maslow, se concluyó que las necesidades de reconocimiento y autorrealización también eran importantes, pese a que no estuvieran cubiertas las necesidades más básicas. Por tanto, se cuestionaba la secuencialidad que Maslow propuso en su teoría: no hacía falta tener cumplidas las necesidades básicas para aspirar a alcanzar los objetivos relacionados con los deseos más refinados.

## Bienvenidos al mundo de las motivaciones

Pese a estas iniciativas de refutar la teoría de Maslow, Douglas McGregor en *El lado humano de las organizaciones* (McGraw-Hill, 1960) fue va más allá de la teoría de Maslow y presentó dos formas muy distintas de entender la motivación:

1. **Teoría X.** Tiene que ver con una forma más tradicional sobre la gestión de equipos y liderazgo. Se presupone que el ser humano tiene de por sí una desgana intrínseca hacia el trabajo y lo evitará siempre que pueda, por lo que se precisará un estilo de mando

más basado en el control, con poca delegación, y, por consiguiente, una motivación basada en recompensas extrínsecas además de en sanciones. Este modelo de gestión proviene del taylorismo y de la época de la industrialización.

2. **Teoría Y.** Parte de la base de que las personas quieren y necesitan trabajar. Incluso el esfuerzo de trabajar bien, sea mental o físico, es tan necesario como el ocio y el descanso. Aquí la expresión «el trabajo dignifica» puede cobrar otro sentido. Los profesionales en esta teoría buscan responsabilidades, no requieren control y sienten motivación para perfeccionarse y hacerlo mejor. El estilo de liderazgo se basa en delegar, hacer partícipes y conectar con las necesidades ya descritas por Maslow de seguridad física, así como de estima, contacto social y autorrealización.

**Gráfico 4.2.** Teoría X e Y de McGregor

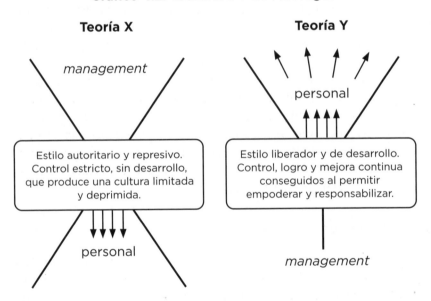

En la teoría X se aplica y se parte de una motivación extrínseca, mientras que en la Y es intrínseca. Obviamente, la teoría Y es la más compleja de aplicar porque resulta más difícil encontrar y conocer qué motiva a los empleados, ya que no todos son iguales: cada uno necesita o busca algo diferente. E incluso algunas personas responden mejor a una motivación extrínseca que intrínseca.

## Motivación extrínseca frente a intrínseca

Pero ¿qué es una motivación extrínseca? Seguramente viene a la cabeza cualquier recompensa monetaria. Sin duda, el dinero es la más popular, aunque pueden existir otras, como un reconocimiento, un paquete de beneficios o una actividad concreta. En definitiva, supone que los motivos de la persona y sus estímulos provienen del exterior.

¿Qué ocurre con la intrínseca? En ella la motivación del individuo y sus estímulos proceden del interior. El deseo de realizar algo surge de un sistema propio de creencias, y es aquí donde hay mayor poder de motivación y, por tanto, de generar entusiasmo. El resto consiste en ser capaz de tocar en esas motivaciones intrínsecas para movilizar a los empleados a la acción y generar el entusiasmo como palanca clave de transformación. Pero ¿cómo conocer estas motivaciones intrínsecas? Jurgen Appelo en *Management 3.0: Leading Agile Developers, Developing Agile Leaders* (Appelo, 2010) establece diez deseos intrínsecos derivados de los estudios de Daniel Pink, Steven Reiss y Edward Deci. Estas motivaciones son conocidas como CHAMPFROGS, al tomar las iniciales de cada uno:

- **C-*Curiosity* (Curiosidad).** Tener muchas cosas para investigar y sobre las que pensar.
- **H-*Honor* (Honor).** Sentir orgullo de los valores personales y que estos se reflejen en el trabajo.
- **A-*Acceptance* (Aceptación).** Las personas alrededor aprueban lo que hace la persona y quién es.
- **M-*Mastery* (Maestría).** El trabajo desafía las competencias dentro de sus capacidades.
- **P-*Power* (Poder).** Hay suficiente espacio para influir en lo que ocurre a su alrededor.
- **F-*Freedom* (Libertad).** Ser independiente de otros con el propio trabajo y las responsabilidades.
- **R-*Relatedness* (Relación).** Tener buenas relaciones sociales con la gente con la que se trabaja.
- **O-*Order* (Orden).** Hay suficientes reglas y políticas para un entorno de trabajo estable.
- **G-*Goal* (Objetivo).** El propósito en la vida se refleja en el trabajo que realiza una persona.

- **S-*Status* (Estatus)**. La posición que tiene alguien es buena y está reconocida por la gente con la que trabaja.

Pink, en su conocida charla TED «La sorprendente ciencia de la motivación», muestra ejemplos y estudios sobre cómo las organizaciones han tratado de perpetuar modelos de incentivos sin éxito sobre sus empleados. Muchos apuntaban a motivaciones extrínsecas, pero sin grandes resultados en objetivos más amplios, conceptuales y creativos. El propio Pink comentaba en esta charla que «la existencia de un nuevo sistema operativo de nuestros negocios gira en torno a tres elementos: autonomía, maestría y propósito. Autonomía, el impulso que dirige nuestras propias vidas. Maestría, el deseo de ser mejor y mejor en algo que importa. Propósito, la intención de hacer lo que hacemos al servicio de algo más grande que nosotros mismos».

Como se puede comprobar, muchos han sido los psicólogos y autores que han tratado de dar respuesta al mundo de las motivaciones.

## La Experiencia de Cliente y la Experiencia de Empleado están interconectadas

Contar con estos modelos, donde se establece una jerarquía o secuencia de necesidades, aporta una manera fácil e intuitiva de establecer planes para generar productos, estrategias y acciones atractivas dependiendo del tipo de personas sobre las que se pretende influir. En el mundo de la experiencia conocer las motivaciones de nuestros clientes y empleados, cómo o no están cubiertas sus necesidades, se convierte en el primer elemento que hay que tener en cuenta a la hora de establecer una estrategia diferencial.

Bien saben, en el ámbito de la CX, cuántas son las empresas que actualmente han triunfado en el mundo de las experiencias, como Uber o Amazon. Si trasladamos el mundo de la motivación que Maslow nos citaba anteriormente y lo llevamos a la pirámide de la CX, es fácil entender por qué muchas iniciativas de CX no avanzan.

Lo mismo podríamos aplicar al ámbito del empleado. Muchas son las actuaciones con ambos grupos de interés que se quedan en la parte más transaccional de los procesos existentes, lo que hace que estemos cubriendo necesidades, pero frecuentemente mucho más básicas, pues se quedan en la base de la pirámide. Aquí hay que preguntarse: ¿cuánto de diferencial estamos siendo respecto a la competencia? Imaginemos un programa de teletrabajo muy centrado en cubrir necesidades básicas tanto en el aspecto organizativo como en el de los profesionales. ¿Cómo pueden hoy diferenciarse las compañías? Sin duda, incorporando desde el inicio esa mirada del otro: a las personas que componen una organización. Aquí cambiamos el fluir de la pirámide según Gartner (Gartner, 2018b), pues ya no vamos desde lo más básico a atajar, sino que partimos de la cúspide.

**Gráfico 4.3.** La pirámide de la Experiencia de Cliente

Fuente: *Gartner Says Customer Experience Pyramid Drives Loyalty, Satisfaction and Advocacy* (2018, s. f.).

Este modelo de Gartner define en cada nivel una forma cada vez más fuerte de forjar relaciones entre la marca y los clientes. La pirámide ayuda a identificar la CX más potente en función de ciertos criterios: cómo se entregan las experiencias, el esfuerzo que requiere el cliente, lo completo de la solución y la emoción y el cambio de percepción creados por la experiencia. La pirámide de CX va más allá de resolver los problemas de hoy para los clientes de hoy; se centra en cinco etapas clave, que son tan aplicables al mundo del cliente como al del empleado. Con este último se puede comprobar que aplica perfectamente con un caso concreto de experiencia.

**Tabla 4.4.** La pirámide aplicada a un ejemplo concreto: la experiencia del teletrabajo

| | Cliente | Profesional que teletrabaja |
|---|---|---|
| **Etapa 1: Nivel de comunicación.** | Proporcionar a los clientes la información que pueden utilizar a través del canal adecuado en el momento oportuno. | Proporcionar a los empleados la información específica sobre cómo solicitar y/o modificar su programa de teletrabajo en una organización. |
| **Etapa 2: Nivel de respuesta.** | Resolver el problema del cliente con rapidez y eficacia, es decir, equilibrar los objetivos, las medidas y las estrategias de la empresa y del cliente. | Los profesionales en teletrabajo tienen un problema técnico, por ejemplo, para poder inscribirse en el programa. Buscan la resolución del problema de los empleados con rapidez y eficacia. |
| **Etapa 3: Nivel de compromiso.** | Escuchar, comprender y resolver las necesidades únicas de los clientes. | Escuchar, comprender y resolver las necesidades propias y únicas de los empleados. La organización identifica necesidades sobre teletrabajo y su aplicación según el tipo de tarea diaria. |
| **Etapa 4: Nivel proactivo.** | Proporcionar experiencias que resuelvan las necesidades antes de que los clientes lo pidan. | Anticipar y proporcionar experiencias que resuelvan las necesidades antes de que lo pidan los empleados. La organización ha escuchado, conoce las necesidades y modifica su programa de teletrabajo para dar respuesta. |
| **Etapa 5: Nivel de evolución.** | Hacer que los clientes se sientan mejor, más seguros o más poderosos. | Hacer que los profesionales de una organización se sientan mejor, más seguros y poderosos. La organización ha establecido un programa adaptado según los niveles de la organización y, además, ha establecido un canal de *feedback* continuo con las personas para la mejora. |

Fuente: *Gartner Says Customer Experience Pyramid Drives Loyalty, Satisfaction and Advocacy* (2018) y Esther Poza Campos (2021).

Conocer este modelo de interrelación ayuda a priorizar, como antes se indicaba con Maslow. Si algo tienen en común las compañías que mejor han trabajado la entrega de experiencia es que han comenzado desde lo más alto de la pirámide, desde el propósito.

## La clave: conectar con el propósito

Jacob Morgan lo deja bien claro en *The Employee Experience Advantage* (Morgan, 2017): «las compañías que buscan crear increíbles EX necesitan comenzar por el sentido de propósito, que actúa como pilar de los entornos sobre los que se basa una experiencia relevante: la tecnología, el espacio y la cultura». En esta línea, el autor estadounidense incide en que la clave está en las empresas que son capaces de entregar EX que trasciende el concepto básico de una afirmación de misión o visión. Aquí lo importante, según él, es conectar qué hace la organización con las personas que están implicadas, es decir, ir más allá de una declaración de intenciones y apoyarse en la experiencia como herramienta para una entrega tangible de ese propósito.

Simon Sinek en su charla TED más conocida, «El círculo dorado» *(The Golden Circle),* resume este concepto en una frase: «La gente no compra lo que haces; compra por qué lo haces». Aplicado al mundo de la EX, se refiere a qué van a sentir los profesionales de determinada organización al levantarse cada día. Y más: cuál será la propuesta de valor y cómo se percibirá.

Como se mencionaba anteriormente, las compañías que se encuentran en un nivel superior de entrega de experiencia son las que han sabido trabajar desde el pico más alto de la pirámide hacia abajo, las que han construido su modelo de experiencia desde el propósito. Morgan en el citado libro expone algunos ejemplos de EX de empresas que hoy —qué casualidad— son referentes:

- **Airbnb.** Pertenecer a cualquier lugar *(Belong anywhere).*
- **Coca-Cola.** Refrescar el mundo, inspirar momentos de optimismo y felicidad, y crear valor y marcar la diferencia *(To refresh the world, to inspire moments of optimism and happiness, and to create value and make a difference).*
- **Starbucks.** Inspirar el espíritu humano, una persona, una taza y un barrio al mismo tiempo *(To inspire the nurture the human spirit -one person, one cup and one neighborhood at a time).*

- **Google.** Organizar la información del mundo y hacerla universalmente accesible y útil *(To organize the world's information and make it universally accessible and useful)*.
- **ConocoPhillips.** Utilizar nuestro espíritu pionero para suministrar energía al mundo de forma responsable *(Use our pioneering spirit to responsibly deliver energy to the world)*.

Aparte de esta estrategia, estas compañías han sido capaces de trabajar con la creación de percepción de valor. Incorporar el valor es arduo pero clave si se quiere conectar con las motivaciones de los clientes y, por qué no, también de los empleados; con ambos se generará compromiso y fidelidad en torno a una marca.

Pero ¿qué es lo más valioso para los profesionales de una compañía, qué les motiva? Aquí entra en juego la definición de una buena propuesta de valor como empleador. Hay que ser capaz de identificar los atributos que posicionan a un empleador como atractivo para sus profesionales futuros y actuales. Toda propuesta de valor tiene que estar compuesta por aspectos funcionales, emocionales o sociales, entre otros. Cuantos más de estos elementos se proporcionen al trabajador, mayor será su compromiso. Para trabajar bien los focos del compromiso es clave tener en cuenta que no todos los profesionales que componen una empresa son iguales. No todos tienen las mismas motivaciones, sean intrínsecas y/o extrínsecas. Es el momento de apartar prácticas de RR. HH. basadas en un trato homogéneo y estándar para todos sus profesionales, pues ya no funcionan.

Trabajar dentro de un marco de EX ayuda precisamente a poner en acción una aplicación distinta de las políticas de gestión de personas. Definir arquetipos e identificar las motivaciones y necesidades del cliente interno harán que se aplique desde todos los departamentos, programas y modelos con mayor foco y diferenciación. Indudablemente articular todo un ecosistema de experiencia convertirá el rol en un facilitador de experiencia y conocimiento.

## 2. Cómo aplicar y activar el entusiasmo en un marco de Experiencia de Empleado

Tan importante es qué se hace como cómo se hace. El entusiasmo y la motivación son conexiones relacionadas tanto con lo intrínseco a la persona como con lo externo. Resulta fundamental que los profesionales que se incorporan o trabajan en una organización tengan en su día a día una experiencia alineada y consistente con lo mencionado anteriormente. Morgan subraya en el citado libro que «todo lo que una organización hace tanto en la actualidad como en el futuro tiene que caer potencialmente en tres entornos, que representan la tecnología, el espacio físico y la cultura»:

1. **La tecnología.** En múltiples ocasiones se convierte en un elemento de frustración; de hecho, «la tecnología es lo que ayuda a hacer posible gran parte del futuro del trabajo y la EX».
2. **El espacio físico.** Supone «un 30 % de la experiencia». Si se va más allá, lo físico tiene que estar en sintonía con lo que representa la organización en el aspecto cultural. Raro sería manifestar la transparencia como un valor y contar con oficinas con poca luz y múltiples cubículos o despachos.
3. **La cultura.** «Determina cómo se trata a los empleados, cómo se crean los productos y servicios».

## Experiencia de Cliente, referente para la Experiencia de Empleado

Trabajar en estas tres dimensiones (espacio, tecnología y cultura) hará que la EX alcance un nivel superior. Ahora bien, ¿cómo ponerlo en práctica? ¿Cómo trasladar las prácticas a un ámbito mucho más práctico y real? Si algo ha tomado el mundo de la EX, son las prácticas de CX. Como apuntaron Mayllet y Wride en 2017, «Para crear una CX sostenible y de clase mundial *(world-class)*, una organización tiene que crear primero una EX sostenible». Y añaden estos autores que una CX ganadora es en definitiva el resultado de las actitudes y los comportamientos de sus empleados. Para poder lograrlo —ya lo decía Richard Branson, CEO de Virgin—, «los empleados, primero». Una de las prácticas que se ha extendido en estos últimos años en múltiples departamentos de RR. HH. consiste en el despliegue de modelos de ciclo de vida del empleado. Esta práctica, que proviene del mundo de la CX, incluye todos los pasos y/o procesos por los que un profesional discurre a lo largo de su relación con una organización.

El ciclo de vida del empleado es secuencial y cronológico: incorpora una visión transversal de la persona en sus puntos de interacción con la empresa, desde su entrada hasta su salida. Actualmente es una potente herramienta que está al servicio de la gestión de personas y de sus procesos. Ahora bien, en ella hay que tener en cuenta, como señalaron Mayllet y Wride en 2017 en su libro *The Employee Experience. How to Attract Talent, Retain Top Performers, and Drive Results,* que el ciclo de vida del empleado difiere de la EX en dos aspectos: las percepciones y las expectativas. En esta línea mencionan que cualquier paso del ciclo de vida es idéntico; lo que cambia es la experiencia. Lo resumen de esta manera:

**EX = Experiencias + Expectativas + Percepciones**

Una empresa puede trabajar y alinear sus políticas de RR. HH. de manera constante, pero el resultado hará referencia a cómo percibirán sus empleados estas experiencias y a si se están cubriendo o no sus expectativas. Aquí está el reto: *¿cómo desarrollar y alinear prácticas en* torno a una experiencia concreta si todo al final depende de las expectativas y percepciones? Sin duda, incluyendo modelos de escucha activos y constantes a lo largo de todo el ciclo de vida. Solo así se puede asegurar que las expectativas y percepciones están en sintonía con el trabajo de EX. Pero ¿las prácticas de EX *únicamente* tienen en cuenta las expectativas y necesidades del cliente interno? Morgan define la EX como «la intersección de las expectativas, las necesidades y los deseos de los empleados con el diseño de lo que la organización realiza en torno a estas expectativas, estas necesidades y estos deseos» (*The Employee Experience Advantage,* 2017). Esta intersección representada en el siguiente gráfico tiene que ser lo más equilibrada posible. Hasta hace un tiempo en las prácticas habituales de cualquier empresa el ámbito de diseño organizacional ocuparía más espacio, pero a medida que se van incluyendo estas prácticas, la intersección resulta cada vez más equilibrada.

**Gráfico 4.5.** Diseño de la Experiencia de Empleado

## Cómo priorizar la Experiencia de Empleado: el *journey* del empleado

Existen prácticas y herramientas que ayudan a tomar conciencia de las expectativas del empleado. Pero ¿cómo puede una organización priorizar los procesos o prácticas en los que poner el foco? En primer lugar, conociendo muy bien dónde están los puntos de dolor y las oportunidades de mejora. Para ello, se debe conocer quiénes son los profesionales que componen la compañía.

Los modelos de VoE son sistemas estructurados o no de información a través de mediciones cuantitativas o cualitativas. A través de encuestas, de medición de los momentos clave y de la definición de arquetipos o personas, se pueden determinar los elementos de insatisfacción y los puntos de dolor del trabajador y, una vez identificados y asociados a los momentos e interacción donde la empresa se la juega, se establece un *journey* del empleado que será la herramienta a partir de la que vehicular la experiencia.

A la hora de abordar la EX es importante formular preguntas: ¿qué se quiere mejorar?, ¿en qué colectivo se desea influir? y ¿qué procesos, qué servicios, priorizar? Dentro del propio *journey* se pueden construir y alinear las prácticas entorno a:

- Colectivos.
- Servicios o productos.

- Procesos.
- Puntos de contacto.

Cualquier organización que quiera trabajar desde la perspectiva del empleado ha de reformular y reconstruir su arquitectura de gestión de personas fijándose en el ciclo de vida del empleado, que ofrece una visión de inicio a fin de manera secuencial, desde la atracción, selección e integración hasta la salida de la persona. Como práctica habitual, tendrá que mapear las interacciones en cada uno de los momentos que se identifiquen y tener en cuenta los puntos de dolor. Por supuesto, lo ideal sería disponer de un sistema estructurado de recogida de *feedback* o de un programa desarrollado de VoE, pero aquí lo importante consiste en involucrar y cocrear con los trabajadores que componen la compañía. Para ello cualquiera puede usar prácticas como el *design thinking*, que ayudarán a entender la situación actual, considerando la VoE y repasando su experiencia en un *journey* AS IS donde los puntos de dolor se priorizarán. Se deberá incorporar la cocreación para incorporar un diseño futuro de experiencia TO BE. Aquí es crítica la incorporación de personas y áreas con algo que aportar sobre lo que se quiere mejorar. Una vez identificados los momentos y puntos de dolor, se procede a la implantación bajo una priorización donde se considere qué duele, qué se puede mejorar *rápida y sencillamente y qué* puede aportar valor realmente al cliente interno. El viaje en todo sistema de experiencia no es el fin en sí, sino la herramienta sobre la que seguir iterando, mejorando y midiendo. La escucha continua de cada momento identificado resulta clave si se desea consolidar una experiencia que satisfaga las expectativas identificadas.

¿Cómo puede una organización priorizar aquello sobre lo que trabajar? Obviamente, como se ha indicado, con un modelo de escucha continua que ayude a establecer los criterios. Aun así, hay que tener en cuenta otros elementos: cuál es el colectivo en el que se quiere influir *y cuánto de amplio o relevante es dentro de la organización*, qué importancia estratégica tiene aquello sobre lo que se desea actuar e incluso qué impacto cultural tiene para el propio trabajo de la EX. Por último, cualquier responsable de EX ha de reflexionar sobre cuál es el esfuerzo de aplicar una visión centrada en el empleado. Aquí sobre todo se hace referencia a presupuesto, tiempo, recursos e impulso organizativo.

## Creación y mejora de la Experiencia de Empleado a través de la participación

En experiencia tener a los equipos involucrados y partícipes en la creación y mejora de la experiencia es una máxima. Para ello es necesario generar espacios de cocreación y participación, que pueden darse de múltiples formas. Ben Whitter, en su libro *Employee Experience* (Whitter, 2019), iguala a los empleados a prosumidores. Este concepto, actualizado en 1980 por Alvin Toffler en su célebre libro *The Third Wave* (Toffler, 1981), proviene de la fusión de *productor* y *consumidor*. De manera premonitoria, Toffler alumbró que en la humanidad se han producido tres olas: una agrícola, la segunda industrial y la tercera de la información y/o del conocimiento. Ya en la década de 1980 apuntaba a lo que iba a suponer la revolución que estamos viviendo respecto a Internet. El nuevo rol de prosumidor surgiría en esta tercera ola como un individuo que tendría un papel activo en la producción de los productos y servicios que consume. Según Whitter, el *término prosumidor,* «para las organizaciones modernas de RR. HH., ofrece una perspectiva interesante sobre cómo se puede fusionar significativamente a los empleados en el importante trabajo interno para hacer crecer el negocio, y de hecho, contar con una EX alineada y convincente». Sin embargo, ¿con qué frecuencia adoptan las empresas este punto de vista? La realidad es que a menudo se considera a los trabajadores simplemente como el último paso del proceso de consulta para una nueva iniciativa que se ha diseñado sin involucrarlo. Y matiza Whitter, además, que «*RR. HH.* o cualquier función no puede esperar de forma realista ofrecer una experiencia excepcional si los empleados no han sido un socio clave en el proceso de cocreación. Independientemente de lo que se desarrolle, en cualquier nivel, la cocreación es un elemento fundamental y la base del éxito en RR. HH.».

Este mismo autor, en *The Holistic EX (HEX),* que enmarca los elementos clave de EX y está diseñado como una herramienta de pensamiento, estrategia y acción, incorpora en su dimensión «humana» la siguiente definición: «La EX marca un papel más protagonista para los empleados en la cocreación y coproducción de una organización de alto rendimiento. También consideramos la experiencia de ser humano, lo que es importante, y cómo eso influye en el enfoque estratégico y operativo de la EX».

**Gráfico 4.6.** La Experiencia de Empleado holística

Fuente: Ben Whitter, *The Holistic EX (HEX) Model* (2019).

En esta línea, como se mencionaba anteriormente, el *desing thinking* «ha saltado a la palestra con la EX en las organizaciones», según apunta Whitter. Tim Brown, el creador de IDEO, en su mítico *Change by Desing* (Brown, 2019), escribe que «la evolución del diseño al *design thinking* es la historia de la evolución de la creación de productos al análisis de la relación entre personas y productos, para finalizar en la relación entre las personas». Esta poderosa metodología y filosofía ayuda a aproximarse a los problemas y a ofrecer soluciones como una oportunidad para cambiar la forma de identificar las necesidades dentro de una empresa. Es así como las organizaciones pueden virar hacia modelos más *people centric*. Si se quiere aplicar un enfoque y marco de EX, se precisa esta aproximación a todo lo que se realiza en el ámbito de RR. HH. Cuando se trabaja en esta línea, usando la empatía, la colaboración y la experimentación, se puede incorporar realmente la innovación como un elemento clave en la propia transformación interna. Hay que sumar a los equipos, cocrear de manera multidisciplinar y contar con las personas que se ven involucradas en la solución.

Estas aproximaciones no serían posibles si no se aplicara la empatía como marco común (se tratará más extensamente en el capítulo sobre la escucha). Brown define la empatía como la capacidad de «conectar con la gente que uno observa. [...] La misión del *design thinking* es traducir las observaciones en conocimiento o perspectivas *(insights)* y estos a su vez en productos y servicios que mejoren la vida de las personas» (*Change by Design. Revised and Updated edition*, 2019). En cuántas ocasiones como función de personas se han ideado modelos, sistemas, servicios o productos que no han sido capaces de conectar con las personas que componían una organización. Qué duda cabe de que la EX tiene como pilar máximo la empatía. Las funciones de RR. HH tendrán que trasladar su mirada a una visión empática de la compañía, de forma que sean capaces de conectar, entender y comprender los pensamientos y sentimientos de quienes la conforman.

La cocreación es una forma de involucrar y de generar entusiasmo en las personas que integran una organización. Pero ¿es suficiente? Seguramente cada empresa en su ámbito tenga que ir más allá. Cada vez adquieren mayor protagonismo la red de empleados y la creación de comunidades. Si de algo vale una buena EX, es de contar con empleados que quieran hablar del lugar en el que trabajan. Garnert, en un estudio de 2018 (Gartner, 2018a) (*Gartner Digital Employee Experience Survey*, 2018) sobre EX, reflejaba estos datos. En el mundo cerca de un 50 % de los trabajadores encuestados estaban de acuerdo en que «mientras las experiencias positivas en el trabajo superen las negativas, es probable que me quede en mi organización», y un 45 % estaban de acuerdo en que, «en comparación con hace tres años, los empleados son más propensos a compartir con el público las cosas negativas que les ocurren en el trabajo». Sin duda, trabajar la EX hoy es una palanca para generar organizaciones más comprometidas y, por qué no, entusiasmadas. Garantiza algo que todas sueñan: contar con trabajadores prescriptores. Así se puede establecer un círculo continuo que se retroalimenta y que tiene como principal consecuencia generar entusiasmo.

**Gráfico 4.7.** El círculo virtuoso del entusiasmo

Fuente: Esther Poza Campos, 2021.

## Experiencia de Empleado y compromiso: ¿quién es quién?

¿Existe un cambio de aproximación en torno al compromiso en las organizaciones? ¿Es la EX el nuevo *engagement* en términos de foco? Whitter en su citado libro menciona que «está emergiendo una nueva comprensión en torno al compromiso como uno de los inputs o consecuencias de la EX». Morgan, en esta línea, es más crítico y habla de la «decadencia» de la gestión del compromiso por parte de los departamentos de RR. HH. Apunta razones como que se ha convertido en una encuesta anual y puntual, cuando debería ser más un flujo continuo y dinámico de conversación entre la organización y sus profesionales. Insiste en que en ocasiones se tiende a ver el compromiso como un efecto y no como una causa. Aquí, además, matiza, la causa sería la EX y el efecto, en línea con Whitter, el compromiso de los profesionales. Añade que las múltiples encuestas que lanzan las empresas anualmente sobre compromiso son largas y tediosas y producen un impacto en quiénes las contestan, a lo que se suma que el compromiso a largo plazo resulta insostenible y está relacionado con ciclos concretos y asociados a momentos determinados de la vida del empleado.

Se mencionaba al inicio de este capítulo cómo el sentido de propósito ha sido la piedra angular de muchas de las compañías que hoy son conocidas por una entrega de experiencia, tanto externa como interna, exitosa en todos los ámbitos. Respecto a esta cuestión, Whitter ahonda en su citada obra sobre el concepto de «comunidad, no corporación» como una de las líneas estratégicas que muchas organizaciones empiezan a buscar y que están construyendo sustentadas en una fuerte entrega de la EX. De hecho, Whitter menciona el caso de BlackRock y de su CEO, Larry Fink. En una carta enviada a los inversores en 2019 (se pueden consultar en su página web las diferentes misivas que ha lanzado a sus grupos de interés), destaca que los beneficios no son en absoluto incompatibles con el propósito. De hecho, ambos están inextricablemente unidos. Según Whitter, Fink sugiere la unificación e integración de la gestión, empleados y comunidades en un solo propósito, ofreciendo así a todos los grupos de interés una visión a largo plazo donde se entregue valor de manera estratégica y todos cuenten con un rol activo en el despliegue de esta estrategia.

## El líder como facilitador de Experiencia de Empleado

No cabe duda de que una de las figuras que más puede influir en el día a día de la experiencia y en la generación de sentido de comunidad es el líder de cualquier empresa, que es el principal facilitador de la EX, no RR. HH. Es más que conocido que muchos profesionales abandonan sus organizaciones por tener un mal líder.

Según un estudio de IBM (IBM Smarter Workforce Institute, 2017), «los líderes y *managers* desempeñan un rol muy poderoso a la hora de establecer el tono y la dirección y preparar el terreno para garantizar una EX positiva». Según este estudio, «todo comienza con un alto nivel de claridad sobre la dirección futura y la importancia de los empleados para el éxito de la organización». Pero según sus datos, un 44 % de los empleados no sentían que la capa de gestión más sénior ofreciera una visión clara de la dirección sobre la compañía. Ahondaba, además, en el papel de los *managers,* más pegados a una gestión diaria de los equipos, que asumirían un papel crucial en la creación de un ambiente de trabajo positivo, ofreciendo un apoyo altamente personalizando en los equipos. En esta línea, un 37 % de los trabajadores encuestados no percibían que sus jefes ofrecieran este soporte diario.

Ya lo apuntaba Edward Shein (Shein, 2004) cuando mencionaba que el papel más importante del líder es cuidar la cultura, en particular, reconocer y cambiarla cuando ya no sirve a la organización. Sugiere que el liderazgo y la cultura son dos caras de la misma moneda. Algo que se olvida en las organizaciones es que los *managers* y líderes son también empleados. Una práctica que habría que extender es identificar el ciclo de vida del *manager* y/o líder de una empresa, esclarecer los momentos clave y detectar los puntos de dolor. Así, contar con un viaje del líder se convierte en una herramienta poderosa que va más allá de la propia mejora de la experiencia de quien la recibe, ya que por ende mejora la experiencia de los equipos y, por qué no, la cultura organizativa.

El estudio de Gallup realizado hace unos años a más de 50 000 *managers* lo dice (Gallup, 2019): la experiencia del líder es la EX del líder. Todos experimentan, desde la contratación hasta la incorporación a las evaluaciones de desempeño. La forma en cómo se sienten respecto a la misión y la cultura de la organización estará determinada de manera significativa por estos puntos de contacto. Además, están implicados en cada uno de los principales hitos de la trayectoria del empleado, desde su incorporación hasta su salida. Sus interacciones con los trabajadores suelen ser el factor dominante en los resultados positivos de cada etapa.

**Gráfico 4.8.** Experiencia de Empleado: el viaje con la organización

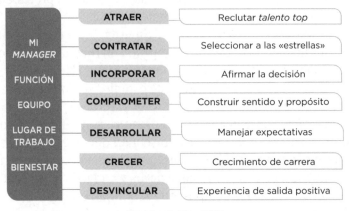

Fuente: Gallup, 2019.

Si algo está demandando la actual gestión de la EX en las organizaciones es poder contar con un marco estratégico y claro de cómo trabajar primero la figura del líder desde esta perspectiva. Igual que la gestión de la experiencia en las compañías está muy ligada a los momentos de la verdad y a los puntos de contacto, el *manager* destaca también como un elemento clave que hay que mejorar si se quiere contar con una gestión integrada de la experiencia. Se pasa así de «la gente primero» *(«people first»)* a «el *líder primero*» («*leader first*») como máxima.

## CLAVES DEL ENTUSIASMO

- Existen múltiples estudios, desde el ámbito de la psicología, para explicar la motivación de las personas. Conocer qué motiva a cada uno, cuáles son los elementos activadores del entusiasmo, es clave en las organizaciones, no solo para sus planes de marketing, sino también para su propia gestión de los equipos.
- La EX tiene que partir del diseño según las motivaciones de los clientes internos.
- Las prácticas de CX son un buen ejemplo de cómo hacerlo. Se trata de aprender de los mejores en este sentido y de cómo han conectado con las motivaciones de sus clientes.
- Definir el propósito y materializarlo en entrega de experiencia coherente y alineada con ese propósito no es tanto explicar qué hace la organización, ni siquiera cómo, sino elevar el tono hacia el por qué.
- Las prácticas de experiencia ponen a disposición de los departamentos de RR. HH. herramientas muy útiles que ayudan a empatizar y trasladar la mirada del otro, como el viaje del empleado, técnicas de *desing thinking* y programas de escucha activa, estructurados o no.
- Es importante no querer abordar todo desde el inicio, sino hacer una buena priorización sobre qué mejorar, teniendo en cuenta las necesidades tanto de los empleados como de la empresa.
- Para ser una compañía *people centric* hay que escuchar a los trabajadores y querer involucrarlos en la cocreación y el diseño de la experiencia.
- El compromiso es un *output* de una buena EX. Se empieza a articular un cambio de modelo en la gestión de compromiso.
- El líder es el verdadero facilitador de la EX. Empezar con él y con su experiencia resulta vital si se quiere articular una experiencia global y transversal a toda la compañía.

## CASO
# SALESFORCE Y EL ENTUSIASMO EN SU EXPERIENCIA DE EMPLEADO

Salesforce es una empresa estadounidense de *software* bajo demanda, una plataforma de gestión de las relaciones con los clientes (CRM) basada en la nube que proporciona a todos los departamentos de su organización, incluidos los de marketing, ventas, servicio al cliente y comercio electrónico, una visión unificada de sus clientes en una plataforma integrada.

Esta compañía es un claro ejemplo de cultura corporativa como elemento troncal de toda la organización. Gracias a esta arraigada forma de hacer, sus empleados son hoy los más comprometidos y llevan muy a gala ser parte de ella. De hecho, en la actualidad Salesforce ocupa el top 10 en los *rankings* de los mejores lugares para trabajar y está incluida también como una empresa en el séptimo puesto de la lista de Morgan.

La compañía Salesforce cuenta con una cultura corporativa fuerte basada en varios conceptos. Su historia es común a las tecnológicas que pueblan San Francisco, con un CEO y fundador, Marc Benioff, con un importante liderazgo y palanca de éxito para tener actualmente una de las mejores EX en el mundo.

Su CEO resume su propósito de la siguiente forma: «Teníamos la idea de hasta dónde podían llegar Amazon, Google o Yahoo con la ayuda del *software* empresarial tradicional. En nuestro caso, hemos querido crear un nuevo paradigma, que responde a la pregunta ¿cómo podemos facilitar el uso del *software* empresarial? Ese es el gancho». Y añade: «nos emocionaba la oportunidad de crear algo nuevo», a lo que se suma un concepto del ámbito empresarial conectado con la filantropía: «el objetivo de los negocios es hacer del mundo un lugar mejor».

Benioff cuenta con una visión muy clara que entronca con el modelo de pirámide de CX a un nivel de evolución alto, en el que se busca que los clientes se sientan mejor, más seguros y/o poderosos con sus soluciones. Tal como apuntaba Sinek, importa para qué se hacen las cosas y no qué o cómo se hacen. En este sentido, Salesforce y su líder buscaban «crear un nuevo tipo de empresa que funcionara de forma diferente en el mundo [...] realmente innovadora en cuanto a la gente y a la comunidad». Aquí están algunas de las claves: «gente» y «comunidad». Para ello, tienen un modelo conocido como *el 1+1+1,* que supone un nuevo modelo tecnológico, un nuevo modelo empresarial y un nuevo modelo filantrópico *(https://www.ajaydubedi.com/)*.

Desde el punto de vista filantrópico, lo anterior se resume en que Salesforce dedica el 1 % de sus ingresos, el 1 % de su producto y el 1 % del tiempo de sus empleados a la comunidad.

Aparte de este sentido de propósito y fuerte conexión con la comunidad, Benioff buscó la creación de comunidad dentro de su organización yendo más allá de la corporación, para lo cual se basó de manera potente en dos pilares:

1. **Ohana.** Es una palabra hawaiana que significa «familia, comunidad». A finales de la década de 1990, el CEO de Salesforce decidió tomarse un año sabático y alquiló una casa en la playa de Hawái. Tras su relación con locales aprendiendo muchas de sus tradiciones y costumbres, tomó *ohana* como el concepto que representa la idea de que las familias, sean consanguíneas, adoptadas o intencionales, están unidas y sus miembros son responsables unos de otros. Cuando creó Salesforce en 1999, se aseguró de que *ohana* estuviera en los cimientos de la empresa. La cultura corporativa de Salesforce se basa en ella, que, a su vez, está guiada por cuatro valores fundamentales que sirven como base para las decisiones, acciones y comunicaciones:

    **Confianza.** «Nada es más importante para nuestra empresa que la privacidad de los datos de nuestros clientes».
    **El éxito de los clientes.** «Es fundamental para nuestro crecimiento y estamos comprometidos a triunfar juntos».
    **Innovación.** «Proporcionar con regularidad soluciones nuevas e innovadoras ofrece a nuestros clientes una ventaja competitiva».

**Igualdad.** «Garantizar que todas las voces son bienvenidas y escuchadas nos permite ser más conscientes de lo que es posible».

2. *Trailblazers.* La comunidad Salesforce, aparte de su sentimiento de *ohana* y la vivencia en el día a día de estos valores, tanto en la gestión interna como en la interrelación con todos los grupos de interés, se refuerza con un nombre o, como ellos mismos se hacen llamar, en *trailblazers,* palabra anglosajona que significa «pionero, innovador». La comunidad los define como:

Un aprendiz permanente, impulsor y agitador.
Un líder que deja un camino para que otros lo sigan.
Una persona que construye un mundo mejor para los demás (lo más importante).

Salesforce ha dotado al término de su propia definición. Cuando se les pregunta a sus empleados por qué forman parte de Salesforce, algunos no dudan en afirmar que porque «es crear un producto increíble, que permite hacer cosas increíbles y estar rodeado de gente increíble».

Con estos ingredientes, potentes en su esencia y aplicación, el día a día se gestiona en Salesforce con el foco puesto en los siguientes aspectos de la experiencia:

- Potenciación de la relación entre trabajadores y *managers.*
- Autoservicio del empleado.
- Conocimiento de los trabajadores.
- Automatización de los procesos.

Como no podía ser de otra forma, su propia plataforma cuenta con un producto único para los trabajadores, que se comercializa y aplica igualmente en el ámbito interno. Para ello se tiene en cuenta el ciclo de vida del empleado, con las etapas de selección, *onboarding*, formación, objetivos, desempeño, desarrollo/sucesión y compensación como claves en todo el viaje. Cada uno de estos momentos está parametrizado en la plataforma, de modo que permite al empleado ser acompañado en todo momento según su ciclo vital en la organización.

Así, desde el punto de vista tecnológico, Salesforce ofrece ventaja; de ahí que en términos de experiencia haya un especial foco en que el *manager* sea el elemento que vehicule toda la experiencia y además sobre el que recaiga la responsabilidad de muchos de los procesos de gestión de personas. En esta línea, como se ha comentado antes, el líder es un activo clave de la experiencia.

Pero aparte de la gestión del *manager,* otro de los elementos de la experiencia es la formación. Antes se mencionaba la comunidad *trailhead.* Esta es una herramienta en línea que permite no solo formarse, sino alinearse con los elementos fundamentales que constituyen la cultura Salesforce. Desde el *onboarding*, ese «baño» cultural está garantizado. A esto se suma una potente capacidad de seguimiento de las acciones que sus profesionales realizan, pudiendo así, como si de un cliente se tratara, conocer dónde están los puntos de dolor en el viaje y qué mejoras se pueden introducir. Se añade, además, un programa de reconocimiento constante que sustenta, aún más si cabe, ese sentimiento de pertenencia a la comunidad de *trailblazers.*

### Evidencias de Experiencia de Empleado en Salesforce. Evolución de las formas de trabajar

¿Cómo adaptar una gestión de EX a un momento de crisis y cómo hacer evolucionar el entorno de trabajo? El máximo responsable de personas en Salesforce, Brent Hyder, presidente y director de personal *(chief people officer),* escribía un artículo a propósito del foro económico de Davos en el que exponía las siguientes claves futuras de la EX (Hyder, 2021):

- **Comprometer a los empleados como a los clientes.** Según Hyder, hoy a raíz de los avances móviles, sociales y de inteligencia artificial las personas esperan ser tratadas por las compañías con una alta personalización, es decir, con una experiencia digital basada en la personalización. Para ello, según él, se necesitarán herramientas que comprometan a sus empleados y los conecten con sus entornos de trabajo, o sea, que hay que trabajar la hiperpersonalización a lo largo de todo el viaje del empleado, como si fuera un cliente.

- **Adoptar la flexibilidad.** Para Hyder «la jornada laboral de nueve a cinco horas ha muerto». Así de categórico se manifiesta, para añadir que, «en nuestro mundo siempre activo y conectado, ya no tiene sentido esperar que los empleados trabajen un turno de ocho horas y realicen su trabajo con éxito».
- **Adoptar un liderazgo empático.** ¿Qué rol debe asumir el líder en un mundo hiperpersonalizado y conectado? Para Hyder, «a medida que las empresas sigan trabajando desde casa, el liderazgo adquiere un nuevo significado». Requiere, según él, ir más allá de impulsar los resultados y la productividad: «Significa mantener viva la cultura de la empresa y servir de salvavidas a los empleados mientras navegan por los desafíos del trabajo a distancia». Qué importantes son sus palabras. Enlaza así con su estrategia en generación de experiencia donde el líder es el motor clave, así como una de las palancas sobre las que apuntalar la creación de cultura.
- **Liberar el talento inclusivo.** Sin duda, el modelo de trabajo híbrido permite trabajar desde cualquier lugar. Para ello, las organizaciones, según Hyder, tienen que ofrecer nuevas oportunidades a reservas de talento más inclusivas para construir plantillas más innovadoras y diversas.
- **Reimaginar el espacio de trabajo.** Como ya apuntaba Morgan, el espacio es un elemento de experiencia que la materializa y que debe ser coherente con la promesa. En estos momentos para este responsable de RR. HH. «las oficinas se convertirán en centros comunitarios que darán cabida a un estilo de trabajo más híbrido, adaptado a la colaboración y el compromiso con las personas». De nuevo, Salesforce apuesta por la comunidad como finalidad en sí, sea a través de la tecnología, el espacio o la cultura.

### Evidencias de Experiencia de Empleado. Gestión de la pandemia por la COVID-19

Si algo puso a prueba la EX en la organización fue la gestión de la pandemia en 2020 con los momentos máximos de incidencia. En ese sentido, Salesforce aplicó, según su responsable de operaciones, Bret Taylor, el «modelo operativo pandémico», que se basaba en tres pilares:

1. **Relevancia.** Buscó soluciones relevantes para los clientes, como la creación, a partir de la tecnología de work.com, con el objetivo de ayudar a reabrir las oficinas de una manera más segura.
2. **Empoderamiento.** Se decidió a nivel corporativo realizar una reunión en *línea* con todos los casi 60 000 empleados simplemente para hablar de las cosas diarias del trabajo. En cuanto a la participación, comenta que «uno de los valores de la compañía gira en torno al éxito de los clientes», por lo que se cuestionaron cómo podían estar con ellos en tiempos de crisis.
3. **Participación.** Para ello, activaron a sus trabajadores, «por lo que pusimos en marcha lo que llamamos *el desafío de un millón de zooms* para hablar por Zoom con ellos y, simplemente, preguntarles cómo podíamos ayudar».

## Conclusión

Recapitulando, desde la perspectiva de generar entusiasmo y motivación, la aplicación de Salesforce, en esta línea, es clara y se puede resumir en estos pasos:

- Hay que crear una cultura corporativa potente en torno al sentido de comunidad y de propósito.
- La cultura corporativa empieza con los empleados y trasciende el *ámbito externo con clientes y comunidad*.
- Es importante la capacidad de potenciar las palancas intrínsecas de los profesionales en aspectos —como decía Appelo— como el honor, la capacidad de pericia *(expertise)* y el conocimiento, la influencia, el sentido del propósito y el estatus.
- Se han de construir la CX y la EX desde la cúspide de la pirámide: procurar un nivel de evolución para hacer que los clientes y los empleados se sientan mejor, más seguros y/o más poderosos.
- La visión trasciende las meras palabras gracias a su modelo 1+1+1.
- Resulta fundamental contar con una propuesta de valor soportada por unos valores corporativos creíbles. Los trabajadores han de percibir la entrega de valor a clientes y comunidad.

# 5
# LA EXCELENCIA

## 1. ¿Qué es la excelencia?

La última de las ondas del empleado es la excelencia, pero ¿en qué consiste? La filosofía entiende la excelencia como una virtud, un talento o una cualidad, lo que resulta extraordinariamente bueno y también lo que exalta las normas ordinarias. Asimismo, se trata de un objetivo para el estándar de rendimiento y algo perfecto.

¿Cómo aplicar esta cualidad al mundo empresarial? ¿Qué hace que un empleado sea excelente, que dé lo mejor de sí mismo? Sin duda, el reconocimiento es la clave. El ser humano es un ser social por naturaleza. Lo que en un determinado momento de la evolución cambió definitivamente al ser humano fue pertenecer a una sociedad. Ayudarnos unos a otros supuso un salto evolutivo en nuestra especie. Desde el comienzo de nuestra evolución se demostró que el ser humano por sí solo no podía sobrevivir; necesitaba a la sociedad.

Actualmente esto no ha cambiado. Sentirse parte del grupo y, sobre todo, sentir que los logros son reconocidos resulta fundamental. Esto se traslada al entorno laboral. El sentimiento de pertenencia se une a la excelencia, que se consigue estableciendo un modelo de gestión orientado al *feedback* continuo y al desarrollo de la cultura de la propia empresa estableciendo el refuerzo positivo como parte de esa cultura. Los modelos de liderazgo deben actualizarse, adaptándose a las necesidades de las nuevas generaciones de talento. Además se han de implantar procesos de reconocimiento periódicos adaptados a la compañía y a los objetivos establecidos y darles un sentido, esto es, hacer saber al trabajador cómo influyen sus resultados, no solo en la organización, sino también en los clientes y en sus compañeros; en definitiva, en la sociedad.

## ¿Por qué es importante y en qué beneficia a la empresa?

La excelencia como Onda del Empleado se enmarca en la llamada *excelencia empresarial,* que a su vez se basa en cuatro pilares:

1. Orientación al cliente y orientación a resultados.
2. Liderazgo e implicación de las personas.
3. Aprendizaje, innovación y mejora continua en los procesos.
4. Alianzas estratégicas y responsabilidad social.

Para lograr la excelencia empresarial es fundamental alcanzar la excelencia de cada uno de los empleados. Y para ello no solo se debe atraer al mejor talento, sino retenerlo y, lo más importante, conseguir convertirlo en un profesional brillante, que marque la diferencia. Más adelante se desarrollará qué necesitan los empleados de una compañía para conseguir la excelencia.

Pero ¿qué recibe a cambio la empresa?:

- **Mayor productividad.** De acuerdo con el estudio *Felicidad y Trabajo*, realizado por la consultora empresarial Crecimiento Sustentable, cuando los empleados son felices en su trabajo, presentan hasta un 33 % más de energía y dinamismo, mejor adaptación a los cambios y hasta un 300 % menos riesgo de tener accidentes laborales, lo que incrementa en un 88 % la productividad de la organización. Un empleado que siente que su trabajo es reconocido, recibe incentivos y crece en un entorno de aprendizaje y desarrollo estará altamente motivado. Y la motivación es uno de los motores de la productividad. Una persona motivada conoce su potencial y se enfrenta a los retos de la empresa aportando mayor innovación y autonomía.

- **Diferenciación respecto a la competencia.** La diferenciación competitiva es una de las decisiones estratégicas más importantes de un negocio, junto con la segmentación y el posicionamiento. Pero ¿en qué influye la excelencia de los empleados? Las empresas no son entidades abstractas; son personas, su parte más destacada y visible. En un mundo globalizado donde a un golpe de clic se pueden encontrar miles de compañías que ofrecen el mismo producto, el trato de los trabajadores con los potenciales clientes puede ser la clave que marque la diferencia y no solo atraiga, sino que cree clientes fieles a la marca. Un empleado excelente, reconocido y seguro de sí mismo y de sus habilidades sabrá captar y entender a los clientes. Un ejemplo muy claro se encuentra en el sector de la restauración: ¿quién no ha ido a un restaurante por su comida deliciosa pero no ha vuelto por el trato dispensado por sus trabajadores? Por ello, como se insiste a lo largo de todo este libro, es fundamental que el empleado esté en el centro de todas las acciones internas de la organización y conseguir a través del reconocimiento su excelencia profesional.

## ¿Por qué las personas necesitan ser reconocidas?

Hay dos aspectos principales por los que las personas necesitan ser reconocidas para su desarrollo personal y profesional:

1. **Refuerzo positivo.** Es un recurso que se utiliza desde hace años en el ámbito de la psicología con el objetivo de premiar conductas o comportamientos para que se afiancen y consoliden. Está relacionado con el condicionamiento operante (Skinner, 1938). Skinner creía que la mejor forma de comprender la conducta humana era comprobar las causas de una acción y sus consecuencias. Así, el refuerzo positivo trata sobre proporcionar algún tipo de recompensa o reconocimiento para propiciar que se repita el comportamiento deseado por parte de un individuo.

Además de en psicología, el refuerzo positivo es una técnica que se suele usar en determinadas áreas, como la educación o la gestión de equipos.

Hace ya muchos años que en el ámbito educativo se vieron los resultados de este refuerzo frente al negativo, basado en castigos. En el mundo empresarial se está implantando cada vez más y constituye una de las bases de la EX y una de las mejores maneras de llegar a la excelencia. Esto se ha visto incrementado en la transición del antiguo jefe al actual líder (este tema se desarrolla con más detalle en el próximo apartado).

¿Pero qué tipos de refuerzos positivos se pueden aplicar en el ámbito empresarial? Es importante conocer cuáles son y cuándo emplearlos. El refuerzo positivo tiene que usarse en casos concretos y ante situaciones que realmente lo requieran. Se debe reforzar la conducta con un estímulo positivo y motivador para aquel que la ha puesto en práctica. De este modo se generará una asociación correcta, siempre que se realice el refuerzo positivo inmediatamente después de un comportamiento o de un logro alcanzado por el empleado.

Existen cuatro tipos principales de refuerzos positivos:

- **Refuerzo natural.** Cuando la persona se siente bien por el trabajo bien hecho.
- **Refuerzo social.** Cuando los compañeros reconocen la excelencia profesional.
- **Refuerzo individual.** Cuando uno mismo se autorregala o autoanima con cada objetivo conseguido.
- **Refuerzo tangible.** Cuando se recibe un premio o una recompensa material, como dinero u obsequios.

El refuerzo empresarial fortalece la entrega y excelencia de los empleados de una compañía, así como su fidelización de cara a la retención del talento. La definición de refuerzo positivo propuesta por Brown en 1977 señalaba que, «si una conducta laboral es rápidamente seguida por un refuerzo positivo, la probabilidad de que tal conducta se repita en el futuro es directamente proporcional a la cantidad, el retraso y la calidad del refuerzo».

Un ejemplo de refuerzo positivo empresarial es conseguir un premio, como una tarjeta de Amazon para los miembros de un equipo que logren un objetivo determinado trabajando juntos y superando las barreras que se vayan encontrando en el camino. Así, un bono, beneficios sociales o la felicitación por parte de un superior delante del resto del equipo son algunos ejemplos de refuerzos de la conducta deseada en los trabajadores de una compañía. Y, como vemos, no se trata únicamente de refuerzos económicos: según BH Consulting («El refuerzo, ¿para qué sirve en la empresa?», 2015), las organizaciones disponen de numerosos refuerzos sociales que pueden aplicar, como felicitar por una tarea bien realizada, hacer notar a un colaborador que se valora que haya entregado a tiempo su parte de un trabajo próximo a su plazo *(deadline)* o felicitar por la constancia de un empleado.

Pero aunque su importancia parezca obvia, en el día a día el refuerzo se suele emplear mucho menos de lo que se podría. El principal motivo puede ser que se considere que no es necesario pues se cree que el salario resulta suficiente para motivar a los trabajadores. Aquí es donde entra el salario emocional.

2. **Salario emocional.** Se introdujo en el ámbito empresarial hace varios años y no ha hecho más que aumentar su relevancia. Según el artículo «El salario emocional, ¿el nuevo hándicap de las empresas?», *(RRHHDigital, 2019)*, «aunque el salario económico sea relevante, no otorga la plenitud laboral. El salario emocional o todas aquellas motivaciones y satisfacciones no económicas que contribuyen a la felicidad de las personas es igual o incluso más importante que el salario económico a la hora de reclutar y fidelizar a los empleados».

Este tipo de retribución puede actuar como factor motivador de los trabajadores y así mejorar la opinión que tienen de la empresa. Por tanto, no se trata de recibir mayor cantidad de dinero, sino prestaciones que el empleado entiende como beneficios más valiosos que una subida de sueldo.

Uno de los aspectos que más valor tienen dentro del salario emocional es la conciliación familiar y laboral, que permite incrementar la motivación del trabajador y, en consecuencia, su productividad y su satisfacción. Otros ejemplos de salario emocional son la promoción interna, la formación, el ambiente laboral, los valores de la empresa, la participación en la toma de decisiones, el horario flexible, el teletrabajo y, por supuesto, el reconocimiento al trabajo bien hecho.

## Cómo se mide la excelencia

El refuerzo positivo y el salario emocional son indispensables para lograr que los mejores empleados se vean recompensados con la permanencia en una empresa y sean capaces de identificarse con ella. Implica indudablemente una inversión, pero la organización recibirá a cambio múltiples beneficios que repercutirán directa o indirectamente en sus beneficios.

Para mostrar a la alta dirección la importancia de la excelencia dentro de la EX es fundamental establecer unos objetivos con resultados medibles. Sin embargo, la excelencia profesional es algo abstracto, difícilmente medible. ¿Cómo mide un profesional de la EX sus objetivos? Apoyándose en los beneficios que a corto y a largo plazo aportará a la compañía. Antes de establecer unos KPI se debe tener en cuenta la importancia de establecer objetivos SMART (específicos, medibles, alcanzables, relevantes y acotados en el tiempo, según su sigla en inglés). Una propuesta de objetivos para la excelencia empresarial puede ser:

- Retención del talento.
- Reducción de gastos en relación con la selección, formación y administración del personal.
- Niveles bajos de absentismo.
- Aumento de la productividad.
- Consecución de objetivos de los empleados.
- Mejora del ambiente laboral y del sentimiento de pertenencia, reflejados en la encuesta de clima.

## Qué necesitan los empleados para hacer un trabajo excelente

La encuesta anual de clima es una gran herramienta a disposición de la empresa para conocer las necesidades de los empleados. Incluir preguntas sobre excelencia profesional puede ayudar a los responsables de la EX a planificar las acciones en este sentido según las expectativas y necesidades de los trabajadores.

Sin embargo, en el actual y cambiante ambiente laboral, en el que todo va muy rápido, se deben realizar encuestas varias veces al año. Es más, no solo las establecidas periódicamente, sino, sobre todo, cuando se produzca un cambio sustancial en la compañía o en la sociedad. Ejemplo de ello ha sido la pandemia de COVID-19 en todo el mundo, que ha supuesto un cambio sustancial no solo en las empresas con el teletrabajo, sino en la vida personal de los empleados al aumentar los casos de estrés, soledad, problemas de salud mental, etc. Las organizaciones que han realizado encuestas regulares preguntando a sus trabajadores qué necesitaban en cada momento de la crisis del coronavirus y aplicando los resultados a nuevos beneficios y reconocimientos profesionales han destacado frente al resto y han marcado el camino que se ha de seguir en la empresa del futuro.

También se debe tener en cuenta que, para conseguir la excelencia de los empleados, la colaboración de todos los *managers* a todos los niveles es fundamental. Las compañías necesitan líderes que busquen la excelencia, que inspiren y motiven a los empleados. Para ello hay que buscar perfiles acordes a los valores y a la cultura de la empresa y apostar fuertemente por la formación. Resulta fundamental que conozcan qué tipo de líderes quiere la organización y darles las competencias necesarias para llevarlo a cabo.

Por último, los trabajadores deben saber qué se espera de ellos. En el apartado sobre las herramientas de RR. HH. se detallan las prácticas adecuadas para ello.

## 2. Conceptos para explicar la excelencia en la Experiencia de Empleado

### Líder frente a jefe

El contexto actual en el mundo empresarial está claramente enfocado al liderazgo, y prueba de ello son las numerosas formaciones centradas en él. En Unión Fenosa (ahora Naturgy), por ejemplo, crearon la primera universidad corporativa en España, dentro de cuya estructura existen dos institutos, uno enfocado exclusivamente al liderazgo.

Pero lo primero es apuntar los principales rasgos del líder frente al jefe, como vemos en la siguiente tabla:

**Tabla 5.1.** Rasgos principales de un jefe y de un líder

| JEFE | LÍDER |
|---|---|
| • Dice «yo» <br> • Tiene autoridad <br> • Manda y ordena <br> • Impone <br> • Inspira miedo <br> • Le preocupan solo los resultados <br> • Ordena la resolución de problemas <br> • Es cortoplacista <br> • Repite siempre los mismos procesos <br> • Selecciona CV y títulos <br> • Presume de éxitos | • Dice «nosotros» <br> • Crea confianza <br> • Aconseja y guía <br> • Escucha <br> • Inspira entusiasmo <br> • Se preocupa por las personas <br> • Busca soluciones <br> • Mira a largo plazo <br> • Innova <br> • Busca a personas que encajen en el equipo <br> • Comparte éxitos |

Al leer las definiciones de cada uno, se puede comprobar claramente el porqué de la necesidad de un líder para adaptarse a la cultura, a los beneficios y, sobre todo, a lo que el talento de las nuevas generaciones (tanto *millennials* como de la generación Z) busca en una empresa.

En una visión empresarial innovadora se cuenta con líderes que dirigen a las personas como un equipo de trabajo, motivándolas de forma constructiva, individualmente y en conjunto, con el fin de cumplir los objetivos trazados. Se trata de líderes que buscan objetivos y no sillas calientes, que confían plenamente en su equipo y que crean una ambiente de libertad para realizar el trabajo con flexibilidad.

La productividad, la satisfacción y la fidelidad de los equipos están sólidamente ligadas a la capacidad de los jefes para inspirar, motivar y contagiar pasión a sus colaboradores.

## Nuevas competencias: empatía, escucha activa, habilidad comunicativa y confianza

Como se ha mencionado en el apartado anterior, para que un empleado alcance la excelencia profesional necesita un *manager,* un líder que confíe en él, reconozca sus éxitos y, en definitiva, sepa guiarlo para ser el mejor profesional posible, pues de nada sirve tener una cultura empresarial orientada a la EX si el jefe directo no la aplica en su día a día.

Para tener un grupo de líderes que fomenten la cultura de excelencia es fundamental desarrollar una serie de competencias. Aquí destacamos las relacionadas directamente con la excelencia y el reconocimiento al empleado:

* **El líder es empático.** Un líder ve y trata a los miembros de su equipo como seres humanos completos (con sus miedos, problemas personales, inseguridades, etc.) y no como meros empleados. De ahí la importancia de desarrollar y entrenar la inteligencia emocional y de comprender las dificultades personales que puedan reducir, de manera puntual, el rendimiento del equipo y de cada uno de sus miembros. Resulta esencial recordar que un trabajador no es un ser abstracto que olvida por completo la vida exterior al comenzar su jornada laboral. Los problemas acompañan a las personas y es fundamental que los líderes sepan tenerlo en cuenta y adaptarse a las necesidades puntuales de los miembros de su equipo. Los profesionales excelentes se comprometen de lleno con los proyectos porque recuerdan cómo se comprometieron sus *managers* con ellos y con sus compañeros cuando lo necesitaron.
* **El líder sabe escuchar activamente.** Para ser empático el líder ha de saber escuchar activamente a los empleados, esto es, debe tener conciencia plena de lo que están contando, estar concentrado en el mensaje (verbal y no verbal) que están intentando comunicar. Para ello resulta fundamental dejar las distracciones a un lado, no mirar el correo y no contestar a mensajes en el móvil; ese momento que el *manager* dedica al trabajador ha de ser al 100 % para él para que pueda trasladarle sus inquietudes, necesidades o incluso los problemas personales que le impiden ejercer su trabajo al 100 %. Este tipo de escucha requiere un esfuerzo por parte del oyente, pues implica poner todo el esfuerzo en escuchar no solo su mensaje, sino también sus sentimientos, ideas o pensamientos, sin interrumpir al que habla ni juzgarlo.
* **El líder tiene que saber comunicar.** Liderar es en gran medida movilizar, influir y orientar a otros profesionales hacia la mejora

continua y la consecución de objetivos. Por eso, los líderes son extraordinarios comunicadores. Pero no debe confundirse con pronunciar discursos en ocasiones señaladas. Un buen comunicador lo es siempre porque habla desde la humildad y sabe guiar para la resolución de problemas e inspirar con un contacto diario y cercano. En una buena comunicación ha de haber argumentos y buenas razones pero sin olvidar los sentimientos y las pasiones de los oyentes.

- **El líder tiene que generar confianza.** El liderazgo se basa en la confianza. Para que un empleado llegue a ser excelente, debe contar con la confianza plena de su *manager*. Un jefe que va a todas las reuniones y que tiene que estar en todo no es un buen líder. Un jefe que pide presencialismo crea robots sin pasión ni motivación. La flexibilidad horaria y el teletrabajo no pueden existir sin confianza, y esta resulta indispensable para que el talento en las empresas, es decir, los profesionales excelentes, puedan dar el máximo de sí mismos en su día a día en cada proyecto que emprenden. Se trata de una relación laboral basada en objetivos y no en horas en la oficina. Un *manager* que no confía en su equipo crea profesionales dependientes, pasivos, sin motivación y que no aportan nada al negocio.

## ¿Cuáles son los retos del líder del futuro?

Toda compañía necesita un liderazgo que dirija e impulse la política y estrategia, a las personas de la organización, las alianzas y los recursos y procesos. Pero ¿cuáles son los retos específicos del líder del futuro? Buscar la excelencia de sus trabajadores por encima de todo, y para conseguirlo se necesita una formación constante en las competencias de un buen líder y en las tendencias del contexto actual, ya que, aunque algunas competencias serán innatas en la personalidad de los grandes líderes, ser un gran líder, alguien que inspire y cree empleados excelentes, es un trabajo a largo plazo que precisa formación constante.

Pero los líderes no solo deben mirar hacia dentro. Conocer qué busca el talento, sobre todo el de las nuevas generaciones, es fundamental. Según el informe «Generación Z, el dilema» (Atrevia, s. f.), «los jóvenes de esta generación (nacidos entre 1994 y 2009) son autodidactas, creativos y sobreexpuestos a la información». Este informe aborda cómo esta generación obligará a las compañías a ser más flexibles y a incorporar la tecnología de forma definitiva. Las empresas deben ser capaces de adaptar los puestos de trabajo, canales de comunicación y modelos de aprendizaje y diálogo a este nuevo arquetipo de consumidor, trabajador y ciudadano.

También, según el informe de Atrevia: «Los jóvenes Z reclaman entornos laborales flexibles que permitan la conciliación, y su mayor dinamismo catapultará la economía por encargo (*gig economy*): una gran red de trabajadores autónomos que, enlazados en cadena, generan un gran proyecto». El líder del futuro ha de poder adaptarse a las necesidades del talento Z y de las generaciones que vengan a continuación.

Según la revista *Forbes* en su artículo «Retos del liderazgo 2030», en ese año «los *millennials* serán los nuevos líderes de los centúricos *(centennials)* (generación Z). El líder del futuro debe contar con un liderazgo dinámico que empodere a sus empleados y se adapte rápidamente a una sociedad en constante cambio. La capacidad de escucha será cada vez más necesaria para comprender a un equipo multigeneracional y multicultural. Un líder flexible que reconozca sus errores y premie los logros alcanzados por su equipo como un éxito común y no solo personal. Y, por último, *resiliencia*. Un término que ha tomado fuerza con la pandemia global de coronavirus y que se refiere a la capacidad de líderes y equipos de crecer profesionalmente no solo con los objetivos cumplidos, sino sobre todo con los errores cometidos».

## Reconocimiento del empleado como eje fundamental de actuación

Es fundamental recompensar el esfuerzo y el entusiasmo de los trabajadores, sea mediante incentivos, aumentos de sueldo o sencillamente reconociendo sus éxitos. Pero es importante utilizar este reconocimiento en el momento adecuado, ya que, como comentamos al principio del capítulo, el refuerzo positivo compensa el comportamiento actual. Muchos líderes pasan por alto este punto.

Algunos *managers* tienden a pagar incentivos o a aumentar el sueldo en un intento de animar a empleados pasivos y desmotivados. Esos incentivos no solamente no son necesarios, sino que refuerzan el comportamiento que intentan modificar y no son útiles para el síndrome del trabajador quemado *(burnout)*. Y, aunque no siempre es conveniente penalizar el mal comportamiento, en ningún caso debe estimularse mediante la recompensa.

Teniendo en cuenta esta recomendación, priorizar el reconocimiento laboral es una de las prácticas más valiosas en las que una empresa puede enfocarse. Como aparece en apartados anteriores, esta actividad puede mejorar el compromiso de los empleados, reducir la rotación, aumentar la productividad y ayudar a alcanzar los propósitos del negocio.

Fortalecer el compromiso de los trabajadores resulta fundamental para asegurar el éxito de una compañía, y el reconocimiento laboral es una de las claves para alcanzar esta meta. Pero para que el reconocimiento laboral sea exitoso, debe realizarse de forma personal, ya que cada uno de los empleados tiene distintos logros y habilidades que hay que valorar. El reconocimiento puede ser material o emocional. Algunos ejemplos de reconocimiento a los empleados son:

- Material:
  Incremento salarial.
  Bonos.
  Días libres.
  Tarjetas regalo.
- Emocional:
  Reconocimiento de su *manager* o de sus compañeros.
  Reconocimiento público en un evento o reunión de la empresa.
  Reconocimiento público en las redes sociales.
  Reconocimiento a un equipo dando a conocer las mejoras en la sociedad o empresa gracias al trabajo conjunto.
  Reconocimiento del CEO de la empresa a través de videollamadas periódicas con toda la plantilla.
  Simplemente, dar las gracias.

## Los empleados deben conocer cómo influye su trabajo en la organización, los clientes y los compañeros

A la hora de implementar un reconocimiento a un empleado es vital la sinceridad, ya que las personas pueden detectar cuándo un reconocimiento no es genuino. El reconocimiento debe ser muy específico y recalcar por qué se está haciendo ese elogio. Esto ayudará a que los trabajadores sepan lo que están haciendo bien y continúen haciéndolo del mismo modo.

Las empresas deben implantar procesos de reconocimiento para que los empleados sepan de primera mano cómo influye su trabajo no solo en la organización, sino también en los compañeros y, por supuesto, en los clientes. Esto dota al trabajo de un sentido, de un propósito. La implicación es la base de la productividad, ya que si los empleados no conocen la finalidad de sus objetivos, de sus tareas, no compartirán la visión, la misión y la cultura empresarial. De esta manera, el trabajador ya no busca la consecución de objetivos solo porque es su trabajo o por conseguir el *bonus;* ahora sabe el impacto que tiene en los que le rodean, sabe que es parte del cambio, de mejorar la labor de sus compañeros o, incluso, en ocasiones, de la sociedad en la que desarrolla su trabajo.

De forma general, resulta esencial que todos los empleados conozcan la filosofía de la empresa y los valores por los que se rige, así como la misión, la visión, los objetivos y las políticas para alcanzarlos. La comunicación en este sentido es primordial para que los trabajadores se identifiquen con la cultura empresarial. De forma más específica, existen distintos procesos de reconocimiento en los que se incluye el impacto del trabajo realizado. Se desarrollará con ejemplos prácticos en el siguiente apartado; aquí se adelantan tres ejemplos:

- Artículos en el blog corporativo o publicaciones en las redes sociales de la empresa que comuniquen el impacto general que genera la labor de un equipo. Gracias a esta acción el empleado no solo conocerá de primera mano la influencia que él y sus compañeros crean en la sociedad y/o en sus clientes, sino que además podrá compartirlo con sus amigos y familiares aumentando el sentimiento de pertenencia y el orgullo por un trabajo bien hecho con un impacto positivo en la sociedad. Por ejemplo, un artículo compartido en LinkedIn donde se pruebe que gracias a que determinado cliente ha implantado una herramienta empresarial de la compañía se ha reducido la huella de carbono un XX %.

- Pequeñas reuniones (virtuales o presenciales) del CEO de la compañía. Son reuniones periódicas con una duración de media hora como máximo en las que el director general destacará los últimos éxitos de la empresa con nombre y apellidos.
- Reuniones de equipo en las que el *manager* directo reconocerá los logros alcanzados.

## 3. Procesos, ámbitos y prácticas del departamento de Recursos Humanos

En los párrafos anteriores se ha desarrollado qué es la excelencia y cómo mejorar la vida de los empleados con su puesta en práctica. Pero ¿de qué recursos disponen las empresas para mejorar la EX? ¿Con qué herramientas cuentan los equipos para lograr la excelencia? ¿Qué presupuesto se necesita para implantar las distintas iniciativas? Estas cuestiones son las que se tratan a continuación.

### Uno a uno *(One to one)*

Ben Horowitz (Horowitz, 2014), el fundador de, entre otras empresas, Netscape, Opsware y a16z, comenta cómo despidió a un *manager* de su compañía por no hacer suficientes reuniones 1:1 con su equipo. Las reuniones 1:1 son reuniones cara a cara donde el *manager* y el empleado disponen de un tiempo privilegiado para escucharse mutuamente. Constituyen una excelente forma de medir el compromiso de un equipo. Estas reuniones pueden parecer espontáneas, pero para que realmente funcionen ambas partes necesitan prepararlas. Hace falta generar confianza en el equipo para que los trabajadores entiendan este momento como necesario para su propio desarrollo profesional. Se trata de una charla en la que la seguridad, la confianza y la transparencia son las protagonistas, donde el empleado puede comentar sus dudas, debilidades, áreas de crecimiento, etc., y donde el *manager* puede compartir su conocimiento y aportar soluciones a medida asegurando un *feedback* constructivo.

Un modelo de 1:1 poco establecido en las empresas es la llamada *entrevista de retención*. En vez de esperar a que un trabajador descontento comunique que quiere dejar la compañía y se lleve a cabo una entrevista de salida, las de seguimiento se encargan de detectar a estos empleados poco motivados y orientarles hacia nuevos proyectos e ilusiones antes de que decidan dejar definitivamente la organización.

Pero los 1:1 aportan un significado aún mayor a la vida del empleado. En general este se siente poco escuchado, cree que la empresa no piensa en él como persona, sino como un número al que sacar una productividad concreta. En estas entrevistas se desarrolla la empatía; el trabajador siente que alguien se preocupa por él como persona, que alguien se ocupa de su desarrollo y de su carrera, y que es escuchado en el ambiente profesional. Todos estos factores se resuelven con 1:1 frecuentes.

Además, es un excelente espacio para promover el reconocimiento. Una parte importante de estas reuniones las debe ocupar el reconocimiento por parte del *manager* de los últimos éxitos conseguidos, sean objetivos de negocio o aspectos que hay que mejorar en su desarrollo profesional. Si, por ejemplo, en anteriores 1:1 el *manager* ha pedido al empleado que mejore un determinado aspecto de sus habilidades o de su relación con el equipo o, simplemente, que afronte determinados retos y el trabajador lo ha puesto en práctica mejorando su calidad profesional, este es el momento perfecto para reconocerlo.

Por tanto, las ventajas de esta herramienta son claras: mejora el flujo de información de ambos sentidos, facilita la toma de decisiones y genera empleados más comprometidos y motivados, empleados excelentes.

## Formación

Las ventajas de un programa eficaz de formación continuada son muchas, pero la primera y fundamental es la búsqueda de la excelencia profesional entre sus empleados, y mucho más en el concepto de globalización en el que vivimos. Los cambios son tan rápidos, que si las empresas no se actualizan constantemente pierden el tren de la actualidad.

Un ejemplo concreto lo encontramos con lo ocurrido durante la pandemia por la COVID-19: las empresas que habían invertido en formación y transformación digital pudieron hacer frente a la crisis con las herramientas necesarias para sobreponerse con éxito. Las que lo hicieron durante la pandemia se enfrentaron a grandes cambios culturales para los que sus empleados no estaban preparados, y se requirieron grandes esfuerzos por parte de todos los equipos, fundamentalmente de los de RR. HH., para conseguir éxitos de transformación en tiempo récord. Las que todavía no han empezado el camino, que no están optimizando su funcionamiento, no podrán desarrollar sus funciones con eficacia y eficiencia. Pero un buen programa de formación no solo prepara a la organización para los cambios, sino que resulta fundamental para generar motivación y compromiso entre los empleados, quienes valoran que la empresa contribuya a su crecimiento personal y profesional, además de ser un excelente mecanismo de retención del talento.

Son muchas las compañías que publicitan sus universidades corporativas como mecanismo de atracción del talento más innovador (ese que busca el crecimiento continuo). La formación y el desarrollo han de verse siempre como una inversión y nunca como un gasto porque, como hemos visto, es la mejor herramienta a disposición de las empresas para mantener a sus equipos preparados para los cambios. Además, la formación puede ser una excelente herramienta de reconocimiento. La organización puede premiar con una formación de liderazgo, por ejemplo, a trabajadores con un gran potencial de crecimiento, a los que han demostrado su compromiso y entusiasmo y, en definitiva, su excelencia. De esta manera, la compañía premia a sus mejores empleados, aumenta la retención del talento y crea una nueva cantera de líderes que pueden llegar hasta la alta dirección. Esto último se convierte en fundamental cuando hablamos de *talento femenino*. Premiar a las empleadas con gran potencial con una formación específica y un plan de carrera personalizado permite alcanzar las cuotas de diversidad de género con la promoción interna. En sectores como las carreras STEM, donde el talento femenino resulta mucho menor, se vuelve fundamental la aplicación de este tipo de iniciativas.

## Compensación y beneficios

Son clave en la estrategia de RR. HH., ya que esta es el área que estudia las prestaciones que debe recibir un trabajador.

La compensación es la gratificación que recibe un empleado por su labor, el elemento que permite a la organización atraerlo para satisfacer sus necesidades. Pero en los últimos tiempos el salario no es lo único que buscan los empleados para sentirse atraídos por una determinada organización. En la actualidad las empresas han incorporado planes de beneficios muy atractivos para que los trabajadores se sientan aún más comprometidos con la compañía, como planes de pensiones, seguros de sanidad privados, cheques guardería, coches de empresa, tarjetas restaurante, ayudas para el pago de un gimnasio o de material deportivo, ayudas para viajes, cheques vacaciones, etc. Son múltiples las iniciativas de las empresas a la hora de desarrollar sus planes de beneficios.

El factor determinante es encontrar el equilibrio económico entre la rentabilidad de la empresa, el valor de los beneficios y la capacidad de estos para retribuir la labor que realizan los empleados. Un buen sistema de incentivos y beneficios es determinante para retener al mejor talento, pues los trabajadores se sentirán mejor cuidados y se esforzarán más para buscar la excelencia. Pero también debe verse como un sistema justo donde todos tengan la misma capacidad de obtener buenos resultados; solo así se podrá retener, atraer y compensar a todos los empleados.

## Talentos precoces *(Early talents)* frente a séniores *(seniors)*

*¿Millennials*, Z o *baby boomers*? Esa es la cuestión, el dilema que multitud de empresas se plantean hoy. ¿Qué es mejor, una plantilla con una media de edad de treinta años con mucho entusiasmo y energía o un grupo de empleados comprometidos, leales y con muchos años de experiencia? Este enfrentamiento entre generaciones está levantando mucha polémica y ha llegado a crear casos de discriminación laboral por motivo de edad. En la actualidad ambos colectivos son los más azotados por el desempleo, pues tanto los menores de 25 años como los mayores de 55 años encuentran dificultades a la hora de encontrar trabajo. Pero hay compañías que han sabido ver que estos colectivos son complementarios y que es en la sinergia de ambos donde se encuentra la excelencia.

La prioridad debe ser el talento, independientemente de la edad. Sin embargo, hay múltiples matices porque, ¿qué es el talento: el conocimiento concreto de una herramienta o el potencial de desarrollarse y de aprender una profesión? Aquí, una vez más, la complementariedad de ambas generaciones resulta fundamental.

Cada vez son más las organizaciones que desarrollan programas de *mentoring* o *coaching* circular, en los que se forma un equipo de desarrollo profesional entre un empleado joven y otro *senior*. De esta manera, ambos se ayudan mutuamente en las áreas en las que más lo necesitan. Tradicionalmente los jóvenes son más dinámicos y aportan ideas más innovadoras y creativas, mientras que los *seniors* proporcionan estabilidad, experiencia y conocimiento de la profesión. La mezcla de ambas generaciones es sinónimo de éxito. Estos programas de *coaching* deben verse como una recompensa, una herramienta que la empresa pone a disposición del trabajador para crecer profesionalmente y poder alcanzar la excelencia profesional.

## Diversidad, equidad e inclusión

En la búsqueda de la excelencia empresarial hace ya tiempo que se precisa incluir la gestión de la diversidad. En entornos cada vez más globalizados ya no existe una única cultura predominante, sino que es la mezcla de culturas, razas, géneros, identidades sexuales, edades, etc., la que aporta la riqueza a una compañía.

Pero, así como la teoría es algo que las organizaciones tienen muy integrado, la práctica todavía se les resiste. Según la revista *Forbes,* solo el 19.4 % de los puestos directivos en las empresas del IBEX 35 los ocupan mujeres. Según la Red Empresarial por la Diversidad e inclusión LGTBTI (REDI), solamente el 38 % de los trabajadores que abiertamente han declarado su orientación sexual en su vida personal se sienten capaces o lo han hecho en su vida profesional. Estos son solo dos de los muchos datos que nos dicen que la lucha por un mundo empresarial equilibrado, justo y que establezca las mismas oportunidades para todas las personas está aún lejos. Pero para los profesionales que se encuentran en la búsqueda constante de la excelencia, esta lucha tiene que formar parte de su agenda empresarial.

Cada vez son más las compañías que incorporan la figura del *manager* de diversidad e inclusión, figura clave dentro de los comités de dirección que empuja para conseguir establecer datos medibles que permitan a la organización adoptar decisiones encaminadas a lograr la paridad. Las empresas que no lo hagan no solo estarán dejando de lado una gran cantidad de talento por descubrir, sino que se quedarán atrapadas en un pasado monocromático que no interesará ni a candidatos ni a clientes.

## CLAVES DEL ENFOQUE

- Para alcanzar la excelencia, el reconocimiento es la clave. Las empresas deben establecer un modelo de *feedback* continuo junto a programas de beneficios que se basen en el refuerzo positivo. Pero estos beneficios no han de ser solo materiales; el salario emocional resulta incluso más importante a la hora de atraer y retener talento que el puramente económico. Ejemplos de ello son la promoción interna, la formación, el ambiente laboral, la flexibilidad o el reconocimiento del trabajo bien hecho.

- Hay que tener en cuenta que las políticas de reconocimiento en las empresas no son algo universal, sino que deben adaptarse a las necesidades individuales de cada profesional y al momento en el que se encuentra la sociedad. La realización de encuestas periódicas ayudará a actualizar dichas políticas y la escucha activa se volverá una herramienta clave en la búsqueda de la excelencia profesional.

- Las organizaciones tienen que contar con líderes que busquen la excelencia en sus equipos, que sean empáticos, que escuchen las necesidades de sus profesionales, que confíen en ellos y que les motiven.

- Las principales vías de actuación que una empresa puede implantar cuando intenta abordar la excelencia por primera vez pueden ser: *one to on*, esto es, reuniones periódicas con el *manager* directo; formación para mejorar el desarrollo profesional de los empleados; creación de una política de compensación y beneficios, como seguro médico, cheque guardería, ayudas para gimnasio o paquetes de acciones; programas de *mentoring* y/o *coaching* con empleados *seniors* y *juniors* (cada generación tiene cosas que aprender de la anterior, y viceversa), y políticas de diversidad, inclusión y equidad para que los trabajadores se sientan libres de ser quienes son.

- Todo esto ayudará a que el empleado se convierta en un profesional excelente que dé lo mejor de sí mismo cada día y en cada proyecto que emprenda.

## CASO
# PROCTER & GAMBLE, UNA EMPRESA EXCELENTE

Procter & Gamble (P&G) es una de las mayores compañías de gran consumo en el mundo. Fundada en EE. UU. en 1837, cuenta con más de 101 000 empleados en setenta países distribuidos en oficinas, redes de ventas y plantas de producción. Vende sus productos en más de 180 países globalmente y es la compañía detrás de marcas de referencia en sus respectivas categorías, como Dodot®, Gillette®, Fairy®, Pantene®, Evax®, Oral-B®, Ariel®, Braun®, Vicks®, H&S® y muchas otras.

Los propios empleados de P&G en España cuentan a lo largo de este apartado cómo los principios y políticas de desarrollo de talento en la empresa se han convertido en experiencias tangibles para ellos a través de los años. La suma de todas esas perspectivas ayuda a entender el concepto de excelencia en la gestión de los RR. HH.

## Inspiración y crecimiento profesional

Algo muy tangible en esta organización, según Chema Pérez Díaz (Finanzas, Cuidado Infantil y Femenino), es «el foco que cada uno de los *managers* tiene en el desarrollo de las personas que le reportan. Esto es parte de nuestra cultura y nuestra manera de trabajar. Desde el primer día, todos los *managers* que he tenido se han preocupado por mí, por mi aprendizaje, por mi crecimiento... pero también por mi bienestar y por mi equilibrio como persona. Siempre he visto a mis jefes como recursos a mi disposición que me ayudan a resolver mis problemas».

Pablo Rubio, *brand manager* en Higiene Femenina, lo resume así: «Mi *manager* no es solo alguien que evalúa mi trabajo y me lo reconoce; es alguien que es mi *coach* en todo momento y que constantemente me empuja fuera de mi zona de confort para hacerme crecer. Sé que a ella se la evalúa no solo por sus objetivos de negocio, sino también por cómo desarrolla a su equipo. Con esto, se sientan las bases de una cultura en la cual sé que yo, cuando sea *manager* de otras personas, pondré el foco de verdad en desarrollarlas».

Varios empleados describen esta manera de comportarse como un organigrama invertido donde los líderes están al servicio del desarrollo de sus equipos, inspirándoles con nuevas ideas. Patricia Gutiérrez Jiménez, del área de operaciones de marca *(brand operations)*/Compras *(Purchases),* lo resume así: «En P&G decimos que tu *manager* trabaja para ti. Cada uno de nosotros tiene la responsabilidad de definir metas y objetivos realistas de desarrollo. Tu *manager* hace su parte: hacerte crecer y buscar posibilidades para que tú puedas seguir enfrentándote a nuevos retos que te hagan aprender, trabajando en temas que verdaderamente te motiven. Por supuesto, todos tenemos partes de nuestro trabajo que son más repetitivas o menos retadoras, pero siempre se ven sobrepasadas por nuevos retos y oportunidades. De hecho, solemos cambiar a menudo de puesto, de función o de tipo de proyecto. Esto nos pone en un reto continuo de crecimiento. No es lo habitual en otras empresas que conozco, donde se pone más el foco en los puestos concretos que en el desarrollo de las personas».

Natalia Sánchez de León, *key account manager* de Cuidado Femenino y del Bebé, agrega: «Nuestra cultura es la de crecimiento continuo, las personas que están entrando hoy en la compañía crecerán hasta convertirse en nuestros futuros líderes. Por eso ponemos tanto el foco en el desarrollo profesional y personal de nuestra gente».

Daniel Poyato, de Ventas y Cuidado del Bebé, cuenta una anécdota que lo ilustra: «Mi primer jefe, cuando entré en P&G hace muchos años, me dijo que su objetivo era que yo me convirtiera en su jefe algún día. En su momento lo percibí como una exageración, pero con el tiempo he entendido qué quería decir. Los *managers* que triunfan en P&G son los que generan confianza en sus equipos para que cada uno pueda dar lo mejor de sí mismo y desarrollarse profesionalmente para alcanzar su máximo potencial».

En línea con esto, Pérez Díaz añade que «uno de los principios que tiene esta compañía es la confianza; sabemos que la gente trabaja mejor cuando hay una base de confianza. Yo trato de transmitir confianza plena a mi equipo y a partir de ahí construir juntos, darles libertad para actuar y para proponerme hacer cosas nuevas o participar en proyectos diferentes. Y desde ahí, ir acompañándolos y ayudándolos en esas tomas de decisiones de carrera para que alcancen todo su potencial».

Una forma clara de cómo la compañía busca fomentar el liderazgo individual es que cada persona tenga una participación significativa en el establecimiento de su plan de carrera. Rubio explica: «Tenemos mucha voz en la definición de nuestros objetivos y de los proyectos en los que queremos trabajar. Tú no solo defines con tu *manager* los objetivos para el año, sino que también defines tu plan de desarrollo, aquellas áreas o habilidades que quieres aprender y desarrollar de forma incremental a tu posición. También hablas abiertamente sobre oportunidades de crecimiento profesional y de qué tiene que pasar para que alcances tus metas a medio y a largo plazo».

## Empoderados para innovar

La empresa aprovecha su escala (con una amplia variedad de negocios, centros de trabajo y tipos de roles) para proporcionar múltiples opciones de carrera.

Gutiérrez Jiménez comparte su punto de vista al respecto: «Creo que en P&G hay oportunidades de desarrollo únicas y adaptadas a cada uno, yo soy un ejemplo de esto. Entré en la compañía como asistente para hacer un proyecto de seis meses y no pensaba quedarme realmente. En aquel momento me atraía más una carrera de consultoría externa en gestión de proyectos (llegar a un sitio, analizar una situación, hacer el proyecto y luego irme a otra organización). Lo que pasó fue que P&G me ofreció continuar aquí, después del primer proyecto, en una cosa completamente diferente a la que había hecho y que además no había hecho hasta entonces. Eso me llamó mucho la atención. Mi nuevo proyecto era un trabajo muy creativo y totalmente fuera de mi área de confort. ¡Y quise ver si era capaz! Desde entonces he estado siempre aprendiendo cosas nuevas, con más y más impacto. Valoro la calidad de la gente a mi alrededor: inteligente, amable y respetuosa». Gutiérrez Jiménez explica además cómo se ha reinventado profesionalmente: «Soy abogada de formación. Hace unos años le planteé a mi jefe la posibilidad de trabajar en el departamento legal y mi jefe me dio su opinión sincera: "Pat", me dijo, "conociendo tu carácter y tus fortalezas, ¿por qué no pruebas un cambio más disruptivo?". Tras aquella conversación acabé en Compras, en un rol con más exposición a otros países y aprendiendo muchísimo. Desde entonces estoy creciendo en esta área».

La experiencia de Pérez Díaz es parecida: «A veces los cambios son muy planificados, y en otros casos hay que aprovechar la oportunidad cuando aparece. En mi caso, hace unos años tuvimos que rehacer mi plan de desarrollo como consecuencia de la adquisición de otra empresa. Esto me dio la oportunidad de trabajar en el equipo de integración y, a partir de ahí, seguí mi carrera profesional en nuestras oficinas de Ginebra. Es importante vivir los cambios con lo que llamamos *growth mindset,* una mentalidad de crecimiento donde vemos cada cambio como una oportunidad para aprender y desarrollar nuevos conocimientos y habilidades».

En P&G se quiere alentar una cultura descrita en términos de compromiso y responsabilidad. Se insiste en dar responsabilidades y proyectos completos, con capacidad real de marcar la diferencia desde el primer día en la organización. La involucración y la delegación efectiva son fundamentales para hacerlo posible. Sobre esto, Gutiérrez Jiménez expresa: «Eres responsable de tus proyectos desde el inicio. Tú debes evaluar los pros y los contras de cada tarea, si las cosas se están haciendo de la manera más eficiente o qué se te ocurre para innovar el proceso y hacerlo aún mejor. También debes definir cómo te vas a organizar para alcanzar tus objetivos, siempre con el soporte y la ayuda de tu *manager*. Esto hace que puedas desarrollar tu creatividad, que pienses "fuera de la caja" y que sigas desarrollando *growth mindset*».

El empoderamiento que se vive en la compañía es muy tangible. Relata Rubio: «Desde el primer día confían en ti para hacer tu trabajo y participas en proyectos muy ambiciosos que te permiten tener un verdadero impacto en el negocio y dejar tu huella personal». En esta línea, explica cómo él ha podido dejar su huella en su trabajo: «En la última campaña de la marca Ausonia, junto con mi compañero, hicimos algo impensado hasta ese momento: rediseñamos por completo uno de los elementos icónicos de la marca, que no es nada menos que el conocido pañuelo rosa. En España (y en el mundo) ese signo está asociado a la lucha contra el cáncer, y yo estoy orgulloso de haber podido contribuir a la visibilidad de esta lucha desde mi trabajo».

## Diversos, valorados y reconocidos

En P&G la diversidad no se «gestiona», sino que se «celebra» y se «aprovecha». Las personas de P&G creen que un mundo con igualdad de oportunidades es un mundo mejor para todos. La compañía pone a la persona primero y apuesta por ella, independientemente de su género, origen, raza u orientación sexual. Están orgullosos de contar con un equipo de trabajo diverso que les ayuda a entender la sociedad en la que vivimos desde una perspectiva inclusiva y libre de estereotipos.

Esta política de diversidad e inclusión está interiorizada por los empleados y se ve reflejada en acciones del día a día como la que relata Poyato: «Al poco tiempo de entrar en la compañía, viví una situación que me hizo tomar dimensión del nivel de respeto que existe en P&G. Recuerdo que, en una reunión de trabajo, había una chica con rasgos orientales, y hubo un compañero que hizo un comentario diciendo "¿Cómo vamos a hacer esto? ¡Si esto es trabajo de chinos!". Esta chica, con su cultura de P&G bien interiorizada, le preguntó qué había querido decir con ese comentario. Uno podría llegar a pensar que se generó una situación tensa o que podría desencadenar en un conflicto, pero no. Esta chica, muy educadamente, le habló de la importancia de ser respetuosos con nuestros compañeros y de tomar conciencia de lo que decimos y del impacto que puede tener en el otro.

valores, tanto dentro como fuera, porque la imagen de la compañía es, en parte, también mi imagen».

Así pues, el reconocimiento en P&G a lo largo de los años con la implantación de servicios y una cultura de EX muy interiorizada en los *managers* ha creado un ambiente de confianza, innovación y productividad que ha mejorado el compromiso del empleado con la marca y la imagen que de ella transmite tanto a los clientes como a la sociedad en general.

Cabe resaltar cómo en todos los testimonios el papel del *manager* se vuelve fundamental. Como se ha dicho en anteriores apartados, resulta esencial que la cultura de reconocimiento y excelencia de los trabajadores sea fomentada por los líderes de la compañía y que reciban ayuda a través de formaciones específicas que les otorguen las herramientas necesarias para ponerlo en práctica con sus equipos.

# 6

# HERRAMIENTAS

## 1. La implantación de herramientas como clave de esta (re)evolución

El actual contexto empresarial está caracterizado por entornos de trabajo más dinámicos e innovadores que se apoyan en una cultura de colaboración donde las soluciones tecnológicas y el acceso a la información se encuentran al servicio de la gestión de personas, mientras que las competencias, cada vez más digitales, requieren mayor desarrollo profesional y humano de los colaboradores. Por todo esto la función del departamento de RR. HH. debe evolucionar para convertirse en facilitadora de conocimiento y experiencias.

Una compañía que convierte a sus colaboradores en embajadores de los valores de marca influye en los resultados del negocio y en la generación de una Experiencia de Cliente (CX) diferencial; de ahí la necesidad de implantar herramientas de Experiencia de Empleado (*Employee Experience* [EX]) como clave estratégica de este cambio de rol. Se trata de hacer desarrollar a personas (no a empleados) conectando los roles individuales con los objetivos de la organización y teniendo en cuenta vivencias, motivaciones, objetivos, miedos, desafíos e intereses de los colaboradores para que quieran trabajar en la empresa, tener éxito y crecer.

La gestión de la EX supone inspirar y conectar a cada individuo con los objetivos y resultados de negocio de la compañía. El desarrollo de una estrategia de EX debe convertirse, por tanto, en un elemento fundamental en la estrategia empresarial y estar alineado con los objetivos de negocio y con el modelo de CX.

Es preciso trabajar con diferentes herramientas de:

1. Diagnóstico y comprensión de la EX actual.
2. Diseño de la estrategia que la compañía quiere que vivan sus empleados.
3. Implantación de la estrategia innovando en las interacciones críticas.

## 2. Herramientas de diagnosis de la Experiencia de Empleado para escucharlo y conocerlo

Estas herramientas se enfocan en conocer y entender de manera profunda a los empleados, sus necesidades y sus expectativas. Son las siguientes: el Mapa de cultura (*culture map*), la evaluación del modelo de Experiencia de Empleado, el Modelo de medición de la voz del empleado (VoE), la encuesta de felicidad (*The happiness survey*), los arquetipos del empleado y el diseño del viaje del empleado (*employee journey*).

### Mapa de cultura *(culture map)*

Para hacerse realidad dentro de las compañías, una estrategia se debe apoyar inevitablemente en la cultura. Esta puede convertirse en un acelerador del proceso de transformación para la EX y la CX.

La cultura organizacional es vital para involucrar a los empleados. Está conformada por patrones de comportamiento que surgen como consecuencia de lo que los colaboradores piensan y sienten y lo que les motiva.

El objetivo de la transformación cultural consiste en cambiar actitudes, pensamientos y motivaciones de los trabajadores haciéndoles partícipes y promotores de los valores y objetivos de la empresa.

Dave Gray, autor de *The Connected Company,* desarrolló el mapa de cultura como una herramienta para mejorar el desempeño de las empresas centrada en el desarrollo de los empleados (Gray, s. f.-b). El mapa de cultura se utiliza para conocer el estado existente o deseado de la cultura de la compañía, compartir la cultura internamente, diseñar prototipos o desarrollar la estrategia que se va a implementar y escalar. Esta herramienta favorece la ruptura de los silos organizacionales y aumenta la creatividad, el compromiso y la colaboración de los empleados. Además, ayuda a identificar a los colaboradores que se resisten al cambio y los motivos que frenan la transformación.

**Gráfico 6.1.** Ejemplo de lienzo para la elaboración
de un mapa de cultura

| Mapa de cultura | Diseñado por: | Diseñado para: | Fecha: | Iteracción: |
|---|---|---|---|---|
| **Resultados** | | | | |
| **Comportamientos** | | | | |
| **Habilitadores/bloqueadores** | | | | |

Fuente: Izo (adaptación del modelo propuesto por Strategyzer AG y Dave Gray en 2015)

En el mapa de cultura se mapean los comportamientos del trabajador analizando cómo actúa: ¿qué hace o dice?, ¿cómo interactúa? y ¿qué patrones de comportamiento se vislumbran? A continuación, se mapean los resultados: ¿cuáles son las consecuencias concretas positivas o negativas del comportamiento que se ha trazado? Para terminar, se mapean los facilitadores y los bloqueadores trazando un mapa de todas las cosas que conducen a los comportamientos positivos o negativos dentro de la empresa: ¿qué políticas, acciones o reglas influyen en el comportamiento de los empleados y, con ello, en los resultados de la compañía?

El mapa de cultura ofrece información para evitar errores costosos, encontrar los habilitadores que contribuyan a posicionar la estrategia de la EX y lograr el máximo éxito minimizando el riesgo.

## La evaluación del modelo de Experiencia de Empleado

Para iniciar el diseño o rediseño del modelo de EX hay que empezar por comprender la situación actual de la compañía, es decir, entender el grado de madurez del modelo de relación con sus empleados y la brecha que puede existir entre las expectativas del trabajador y lo que realmente vive en la empresa comparándolo, además, con las mejores prácticas del mercado.

**Gráfico 6.2.** Visualización del Modelo Izo de análisis inicial de la experiencia

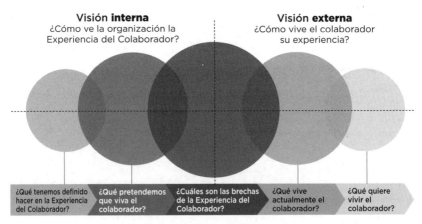

*Fuente: Izo, 2010.

Evaluar el grado de madurez de la cultura de EX en la compañía implica definir qué elementos organizativos influyen en la experiencia que viven los diferentes tipos de colaboradores en función de sus expectativas, necesidades, momentos críticos y de dolor, aspiraciones de formación y crecimiento, así como de sus talentos y habilidades.

Por ello, para realizar la evaluación *(assessment),* hay que hacer entrevistas con los principales actores, revisar las herramientas y los procesos actuales estudiando el histórico de los indicadores, analizar los estudios disponibles en la compañía y fijarse en lo que están haciendo las mejores. Igualmente, para desarrollar con éxito este proceso hay que llevar a cabo un cuestionario de evaluación con los aspectos más relevantes de la experiencia, revisar las herramientas y los procesos actuales y analizar el histórico de los indicadores y los estudios disponibles en la empresa.

Los resultados obtenidos se deben evaluar, comparar con lo que hacen las mejores organizaciones, analizar qué prácticas incorporar en la cultura y los procesos de la compañía y priorizar las iniciativas viables según los objetivos definidos.

## Modelo de medición de la voz del empleado (VoE)

Se trata de desarrollar un sistema de medición que permita realizar un seguimiento continuo del impacto de las acciones de la EX para detectar desviaciones y evaluar el resultado en variables como el desempeño, la productividad de los empleados o su grado de alineamiento con los objetivos. Adicionalmente, se analizan los valores y la misión de la compañía o el retorno económico de las mejoras por tener trabajadores más felices, motivados, vinculados y promotores de la empresa.

Un programa de VoE ha de definir un marco estratégico de medición, capturar información accionable y asegurar cerrar el ciclo *(close the loop),* esto es, el proceso mediante el que las organizaciones accionan con garantías el *feedback* del cliente recibido a través de los diferentes canales de contacto.

En general, todo programa de VoE se sustenta en una combinación de técnicas cuantitativas y cualitativas de investigación. Su construcción se basa en combinar múltiples herramientas para tener una visión completa de la EX. Un modelo de VoE bien diseñado permite recoger información útil del y para el empleado que ayuda a mejorar su experiencia y a tomar decisiones de negocio. Por tanto, la base de un buen programa de VoE radica en obtener información de valor sobre el trabajador. Se trata, pues, de implementar un sistema que posibilite alimentar con información del empleado cada área de negocio para capturar, analizar y explotar los datos que permitirán alcanzar los objetivos definidos y tomar las acciones pertinentes fundamentándose en lo que el trabajador espera y valora.

El análisis de las fuentes de información internas será importante para comenzar a definir este marco. A partir de este conocimiento y de los objetivos propuestos, lo siguiente consistirá en diseñar las acciones y herramientas que mejor se adapten.

Un programa de VoE conecta la opinión del empleado con quienes toman las decisiones. El *feedback* del trabajador debe ayudar a diseñar y mantener la estrategia. Asegurar cerrar el ciclo del *feedback* del empleado permite un aprendizaje y una mejora continuos. De esta manera, la información se democratiza y puede llegar a quienes la necesitan para la toma de decisiones. En definitiva, para cerrar el ciclo con los empleados se requiere no solo recopilar respuestas, sino también actuar sobre ellas y compartirlas con las distintas áreas de la compañía.

Por otra parte, para fomentar la participación y honestidad en las respuestas, es recomendable lanzar una comunicación inspiradora, lo que garantizará la veracidad de los resultados y el análisis de estos.

Una vez recogidos los resultados, hay que realizar *focus groups* para profundizar en ellos y comprender las expectativas y aspiraciones y toda la información relevante del viaje del empleado.

En todo caso, el primer paso para diseñar el modelo de medición de VoE es definir los objetivos de manera clara, lo que permite seleccionar las métricas más adecuadas para su seguimiento y control.

Un programa de medición de VoE debe disponer de los mecanismos necesarios para recoger el *feedback* del trabajador de forma continuada y aportar información valiosa para la toma de decisiones. Por ello, una vez definidas las métricas que se incorporarán en el modelo de medición de VoE, el siguiente paso consiste en componer el puzle de herramientas que posibiliten la retroalimentación y actualización del conocimiento del empleado y su experiencia como colaborador.

Por todo lo anterior, un programa de VoE debe:

- Ofrecer *feedback* multidispositivo y enfocarse en todos los puntos de contacto *(touch points)*.

- Proporcionar *feedback* como una actividad más del modelo de relación con los colaboradores.
- Favorecer la entrega del feedback por parte de los colaboradores facilitando diferentes canales de comunicación.
- Dar *feedback* fácil y rápidamente. Si se quiere que los trabajadores den *feedback* de forma continua, no puede requerir más de cinco minutos. Hay que preguntar por lo que les preocupa y marcar la diferencia en su relación con la compañía. No se trata solamente de preguntar, sino de conversar. El objetivo del *feedback* no puede ser únicamente registrarlo para analizarlo posteriormente, sino que se ha de entablar una conversación.
- Definir mecanismos para democratizar la VoE en la organización. Por tanto, es necesario analizar, gestionar, compartir y tomar acciones frente a los resultados del programa de VoE para que sea efectivo e impacte en la mejora de la EX.
- Delimitar los cuadros de mando y tableros de información para los usuarios del negocio y el acceso a la información por parte de los colaboradores.
- Establecer los mecanismos del modelo de gestión de la VoE en la organización (modelo de gobernanza *[governance]*), definiendo los roles, las responsabilidades y el funcionamiento de los comités de coordinación internos.

Para nutrir este modelo de medición de VoE con el *feedback* de los empleados, existen diferentes herramientas cuantitativas y cualitativas. Las encuestas son las más habituales por su facilidad de ejecución, su capacidad de respuesta masiva y las posibilidades que ofrecen para correlacionar los resultados con métricas. Pero para que una encuesta sirva a los objetivos del modelo de medición de VoE, debe tener un enfoque emocional y no limitarse a medir el clima laboral.

Un ejemplo de encuesta diseñada para escuchar, comprender y accionar en base a la voz del empleado es la encuesta de la felicidad. Basada en el modelo de la felicidad desarrollado por Zappos *(Delivering Happiness)* (*Encuesta de felicidad*, s. f.), se trata de una evaluación de la EX, la percepción actual de su realización personal y profesional, así como de las emociones que siente en su relación con la compañía.

La encuesta mide las cuatro categorías dinámicas e interrelacionadas que afectan a la felicidad en el trabajo: RR. HH., la propia organización, el trabajo en sí (que incluye elementos de progreso, control y conectividad) y pensamientos y emociones en el trabajo (que incluye el elemento del propósito). Los resultados individuales se muestran inmediatamente con efectos visuales en un modelo dinámico e interactivo que fomenta el descubrimiento.

## Arquetipos del empleado: del perfilado (*buyer* persona) al empleado tipo (*employee* persona)

El término *buyer* persona nació en marketing como la definición más exacta posible del usuario al que se dirige un producto. Esto también existe en la función de RR. HH. bajo la denominación *empleado tipo* (*employee* persona) y consiste en definir con la mayor profundidad posible al empleado tipo de la organización y a la clase de personas para las que queremos que la empresa sea atractiva.

Para ayudar a optimizar los esfuerzos de la compañía, es necesario, al igual que en marketing, tener bien definido a este trabajador modelo. La definición del empleado tipo permite diseñar estrategias para crear un programa de vinculación o *engagement* para los trabajadores, poner en marcha políticas más adecuadas de comunicación interna y contratar/retener de forma más precisa el mejor talento.

Los arquetipos/*buyer* persona son grupos de personas que comparten expectativas, motivaciones y elementos emocionales similares. El perfilado o arquetipado constituye una herramienta de entendimiento que posibilita identificar los distintos perfiles de empleados como base para generar distintas estrategias de acercamiento y personalización.

El objetivo es entender y conocer a los trabajadores desde su comportamiento y motivación para diseñar experiencias y propuestas de valor que encajen con todos o con los que resultan idóneos para la estrategia de la organización.

**Gráfico 6.3.** Ejemplo de plantilla para la elaboración de los arquetipos de empleado

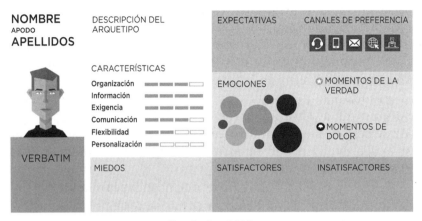

Fuente: Izo, 2020.

## Diseñando el viaje del empleado (*employee journey*)

Todos los empleados han vivido lo mismo en algún momento. A veces experiencias inesperadas, sorprendentes, memorables y otras, insignificantes o, lo que es peor, ¡malas! Y ¿entonces?, ¿cómo puede una empresa entender cuándo se producen esas buenas y malas experiencias?, ¿cómo puede gestionarlas con los equipos para mejorarlas?, ¿cómo saber cuáles son esos momentos clave para los trabajadores?, ¿cómo superar sus expectativas para ofrecerles experiencias inolvidables que los conviertan en fans de la compañía? La respuesta es ponerse en su lugar para construir el viaje del empleado pensando en lo que él demanda y necesita desde lo que él valora y considera relevante y memorable.

Por tanto, el *employee journey* debe ser una representación gráfica de todas las interacciones que los trabajadores tienen con la organización, siempre desde el punto de vista de la persona; ha de servir para la comprensión e innovación de la EX y, por consiguiente, una herramienta de transformación. Para ello hay que identificar las interacciones clave de los trabajadores para analizarlas con mayor profundidad.

Un mapa de la EX se construye basándose en unos elementos básicos que se representan de forma visual: etapas del empleado, expectativas, nivel de la experiencia, importancia de la interacción para el trabajador, momentos de la verdad y de dolor, satisfactores e insatisfactores, esfuerzo, *verbatims* y datos cuantitativos.

El *employee journey* se concibe como una foto en movimiento de lo que vive (y echa en falta) en sus múltiples interacciones con la organización, por lo que resulta una herramienta enormemente poderosa que ayuda a pensar como el trabajador (no en él ni para él), lo que permite identificar perspectivas *(insights)* clave para innovar en lo que verdaderamente importa y valorar al colaborador en cada etapa de su «viaje».

Este viaje está a caballo entre el diagnóstico y la innovación: posibilita identificar las variables que se han de corregir (hacer mejor/diferente) o eliminar (dejar de hacer), pero también diseñar otras que no existen y se pueden implantar para diferenciarse. En otras palabras, debe servir tanto para eliminar detractores y corregir situaciones que están generando insatisfacción como para generar promotores y diseñar esos momentos de sorpresa (WoW) que disparan la recomendación, la retención del talento y los equipos motivados. Todo ello conlleva: reducción de rotación y absentismo, mejora de la productividad, equipos más innovadores, mayor implicación de los equipos en la consecución de los objetivos de la empresa, etc.

El uso de la herramienta viaje del empleado tiene una larga lista de beneficios:

- Diagnosticar la experiencia desde el propio empleado, de modo que se evalúe cualitativa y cuantitativamente dónde se tiene que poner el foco y desarrollar acciones de mejora de la experiencia.

- Detectar situaciones en las que se es líder en la experiencia.

- Identificar triunfos rápidos *(quick wins)* y oportunidades de innovación que desmarquen a la compañía de la competencia.

- Crear nuevas interacciones que garanticen una diferenciación tangible y rentable.

- Determinar interacciones o servicios que no aportan valor al empleado, con el consiguiente ahorro de costes.

- Detectar los elementos críticos en la relación con el trabajador actualmente que explican la satisfacción, prescripción, lealtad y vinculación y la influencia que tienen en el negocio.

- Gestionar las emociones del empleado y reducir los obstáculos, minimizando su esfuerzo.

- Disponer de una herramienta sencilla, clara, visual y viva que ayude a la toma de decisiones para la mejora de la experiencia.

Existen varias formas de representación visual del *employee journey*, y todas deben contemplar unas características básicas:

- Estar construidas desde la perspectiva del empleado.

- Contener el ciclo de vida completo de la relación del trabajador con la organización, incluyendo el antes, el durante y el después de dicha relación.

- Reflejar qué sucede en cada paso de la secuencia, mapeando todas las interacciones en cada etapa del viaje.

- Contener información descriptiva de la vivencia del empleado.

- Acotar el tipo de trabajador al que hace referencia.

# Gráfico 6.4. Ejemplo de plantilla para el mapeo de las interacciones del viaje del empleado

Fuente: Izo, 2020.

# 3. Herramientas de diseño de la Experiencia de Empleado para construirla

Más allá de los valores y principios de la organización, la EX debe construirse sobre una promesa de experiencia y tangibilizarse en compromisos concretos. De la misma forma que existe una promesa al cliente, las compañías deben tangibilizar una promesa al trabajador basada en la visión de la compañía y hacer que sea creíble para él. Dicha promesa ha de generar inspiración y motivación, y se tiene que evitar caer en el grave error de prometer lo que no se pueda cumplir, es decir, la promesa debe concretarse en un diseño realista y en acciones realizables.

## El *design thinking* aplicado a la Experiencia de Empleado

El *design thinking* es, como la EX, una forma de ser más consciente de qué piensan los colaboradores sobre sus experiencias dentro de la compañía y puede ayudar a los líderes a encontrar soluciones más efectivas, eficientes y satisfactorias a los desafíos que se presentan.

Cuando el *design thinking* se aplica a una estrategia de EX, se diseña como un proceso creativo e iterativo que persigue entender a los empleados, provocar supuestos y definir nuevas situaciones con el objetivo de identificar soluciones prácticas e innovadoras.

La aplicación de esta metodología en el proceso de diseño de la estrategia de EX reduce el riesgo asociado al lanzamiento de nuevas ideas, ayuda a encontrar soluciones innovadoras de forma más rápida y evidencia posibles oportunidades en función de las necesidades y motivaciones de los trabajadores. Se trata de una metodología clave en los programas de EX porque se basa en que los líderes vean la organización a través de los ojos de sus colaboradores, alentándolos a ser empáticos con el viaje del empleado para descubrir cómo mejorar su experiencia e implementar lo aprendido.

Los principios del *design thinking* aplicado a la EX son:

- **Empatía.** Una gran parte del *design thinking* tiene que ver con una comprensión profunda del empleado, para lo que resulta fundamental que las personas estén en el centro de este enfoque.

- **Cocreación.** La base del *design thinking* es conectar diferentes perspectivas y disciplinas, lo que se hace trabajando de manera multidisciplinar y haciendo que los grupos presenten ideas creativas.
- **Generación y validez.** El *design thinking* se basa en una actitud de «construir rápido-fallar rápido» que permite identificar rápidamente el camino hacia el éxito, construir y probar. Es un enfoque impulsado por la retroalimentación y resulta iterativo por naturaleza. Se dedica menos tiempo a la planificación y más a la acción y al aprendizaje.
- **Pensamiento holístico.** Se estudia todo el entorno de un área, servicio, proceso o equipo de trabajo, no solo una parte para buscar soluciones sostenibles.

**Gráfico 6.5.** Proceso creativo de *Design Thinking*

Fuente: Izo, 2017.

Por todo lo anterior, el *design thinking* debe ser una parte central de la estrategia de EX.

## Diseño de interacción emocional (emotional interaction design)

Es una metodología integral de CX y EX que se enfoca en ayudar a las compañías a resolver problemas a través de la transformación emocional de interacciones durante el ciclo completo de relación. Se trata de un modelo propietario de Izo desarrollado a partir de las teorías de gestión de las emociones de Paul Ekman y Brandon Schauer y sus más de quince años de trabajo como expertos en interacciones con clientes y colaboradores. Esta metodología tiene un enfoque práctico y directo para generar soluciones de innovación y rediseño en los aspectos estratégicos o urgentes para la empresa (Paul Ekman. *Atlas of Emotions Press Release,* 2016).

**Gráfico 6.6.** Proceso de rediseño emocional de las interacciones

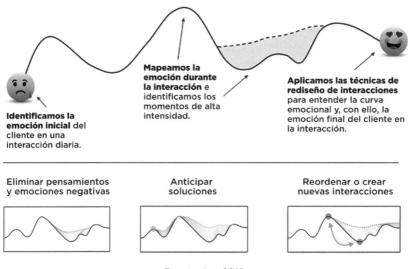

Mapeamos la **emoción durante la interacción** e identificamos los momentos de alta intensidad.

**Identificamos la emoción inicial** del cliente en una interacción diaria.

**Aplicamos las técnicas de rediseño de interacciones** para entender la curva emocional y, con ello, la emoción final del cliente en la interacción.

Eliminar pensamientos y emociones negativas

Anticipar soluciones

Reordenar o crear nuevas interacciones

Fuente: Izo, 2019.

El rediseño de interacciones basado en las emociones busca transformar la experiencia más allá de la solución con el objetivo de generar una emoción final positiva y un recuerdo que influya en las decisiones y los comportamientos futuros de los empleados.

Con esta metodología se diseña una solución integral desde el punto de vista de las emociones generadas en el empleado usando el lienzo de diseño emocional *(emotional design canvas).*

**Gráfico 6.7.** Lienzo de diseño emocional

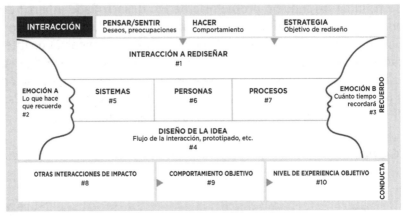

Fuente: Izo, 2019.

## Lienzo de diseño cultural *(culture design canvas)*

La utilización de herramientas como el lienzo cultural *(culture canvas)* ayuda a alinear la cultura de la compañía con la experiencia que vive el empleado. El Culture *Design Canvas,* creado por Gustavo Razzetti en *Fearless Culture Design,* es una herramienta de mapeo para evaluar la cultura actual de la empresa, definir su estado futuro y desarrollar la cultura del lugar de trabajo (Gustavo Razzetti, *How to Use The Culture Design Canvas - A Culture Mapping Tool,* s. f.).

**Gráfico 6.8.** Lienzo de diseño cultural

Fuente: Adaptación del modelo propuesto por *Fearless Culture Design*, 2019.

El *Culture Design Canvas* es una herramienta para ayudar a las organizaciones y a los equipos a construir una cultura positiva en el lugar de trabajo, proporcionando claridad, identificando las brechas entre los estados actuales y deseados, facilitando la alineación y descubriendo posibles áreas de desarrollo. También puede usarse para mapear la cultura actual de la organización, diseñar una nueva o mapear la cultura de los competidores.

Este lienzo está compuesto por diez bloques de construcción categorizados en tres secciones:

- **Núcleo.** Es lo primero que se mapea. Incluye propósito y valores y es la base de la cultura, pues define qué representa la compañía.
- **Cultura emocional.** Mapea el lado derecho de la herramienta. Es la parte central de la cultura y se centra en la visión a largo plazo y en la influencia que la empresa quiere crear en el mercado y en los empleados. Este bloque se trabaja en tres apartados: rituales, comentarios y seguridad psicológica.
- **Cultura funcional.** Se mapea en el lado izquierdo de la herramienta.

Una vez completado el *Culture Design Canvas*, se revisan y cuestionan los resultados obtenidos y se ajusta la información representada en el lienzo asegurando que la cultura diseñada es consistente y fuerte.

El mapeo de la cultura requiere un pensamiento estratégico y su propósito es visualizar la cultura de la empresa a través de la lente de la organización en general. No pretende reflejar cómo el CEO percibe la cultura, sino cómo la ve la gente común. Por consiguiente, hay que involucrar a los equipos durante todo el proceso.

El propósito de diseñar una cultura es hacerla única y relevante. La cultura de una compañía se convierte en una ventaja competitiva cuando otros no pueden copiarla.

## Mapa de empatía

Es una herramienta de pensamiento visual *(visual thinking)* con diversas aplicaciones que en EX se utiliza para comprender las necesidades de los empleados. Proporciona mayor claridad para trabajar los objetivos o retos de los proyectos enfocados a tener al empleado en el centro estratégico.

Dave Gray, fundador de XPLANE, introdujo en su libro *Game Storming* la primera versión de lo que hoy conocemos como *mapa de empatía*. Este juego o ideación de pensamiento visual lo creó Scott Matthews, colaborador de XPLANE (Gray, s. f.-a).

**Gráfico 6.9.** Mapa de empatía

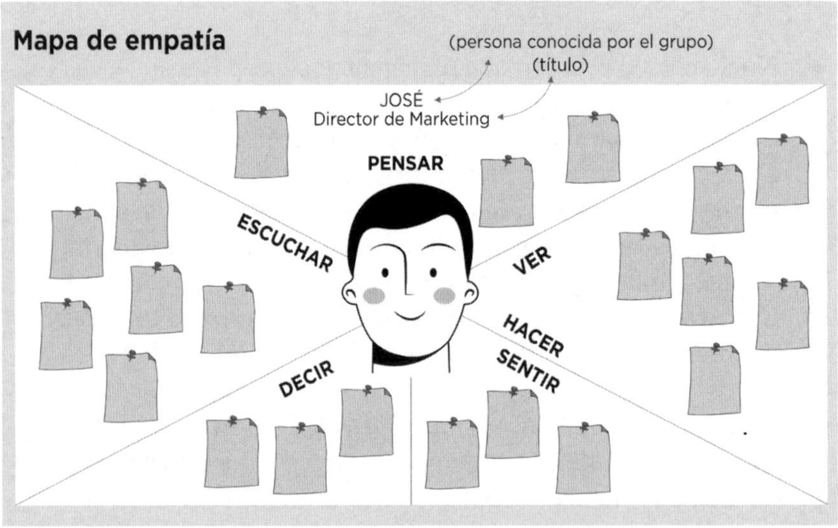

Fuente: Adaptación del Modelo de Dave Gray, *Game Storming*, 2012.

Años más tarde Gray tuvo la oportunidad de experimentar con algunas herramientas creadas por Alex Osterwalder (autor de *Business Model Generation* y *Value Proposition Design*) para crear el llamado *mapa de cultura*. Este proceso le sirvió para rediseñar el mapa de empatía y llegar a la versión que conocemos hoy(Osterwalder, s. f.)

## Blueprint

Esta herramienta permite un análisis holístico desde la perspectiva del colaborador, integrando la estructura y los procesos de la compañía, que resultan clave en el ofrecimiento de una experiencia memorable para el empleado. Un *blueprint* es un diagrama que visualiza las relaciones entre las personas, los procesos y los puntos de contacto físicos y digitales vinculados a un recorrido específico, en este caso del trabajador.

Con el *blueprint* se mapea de manera visual la complejidad de la relación de los empleados con la compañía, lo que posibilita alinear la experiencia del colaborador con los procesos internos de la empresa y obtener un enfoque simultáneo del colaborador y la organización. Permite diferenciar la parte del servicio visible (acciones visibles para el colaborador) y la invisible (acciones ocultas para el colaborador, pero con un rol importante en el desarrollo de la experiencia).

Esta herramienta para el diseño y rediseño de interacciones proporciona tanto una instantánea del entorno de trabajo actual como un plano para escalar los recursos internos de la manera más eficiente. Adicionalmente, permite ayudar a responder a preguntas sobre qué recursos o herramientas invertir para obtener el mayor retorno sobre la inversión (ROI).

## Gráfico 6.10 Ejemplo de plantilla para la diagnosis del plano operativo de la Experiencia del Empleado

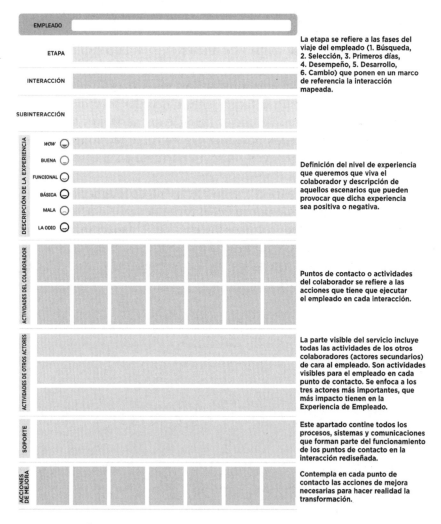

La etapa se refiere a las fases del viaje del empleado (1. Búsqueda, 2. Selección, 3. Primeros días, 4. Desempeño, 5. Desarrollo, 6. Cambio) que ponen en un marco de referencia la interacción mapeada.

Definición del nivel de experiencia que queremos que viva el colaborador y descripción de aquellos escenarios que pueden provocar que dicha experiencia sea positiva o negativa.

Puntos de contacto o actividades del colaborador se refiere a las acciones que tiene que ejecutar el empleado en cada interacción.

La parte visible del servicio incluye todas las actividades de los otros colaboradores (actores secundarios) de cara al empleado. Son actividades visibles para el empleado en cada punto de contacto. Se enfoca a los tres actores más importantes, que más impacto tienen en la Experiencia de Empleado.

Este apartado contine todos los procesos, sistemas y comunicaciones que forman parte del funcionamiento de los puntos de contacto en la interacción rediseñada.

Contempla en cada punto de contacto las acciones de mejora necesarias para hacer realidad la transformación.

Fuente: Izo, 2010.

# 4. Herramientas de implementación de la Experiencia de Empleado para transformarla

La implementación de las nuevas interacciones diseñadas a partir del análisis de la EX permite evaluar la influencia de estas y diseñar la estrategia de despliegue completo en la organización. Con este fin, es aconsejable trabajar inicialmente en un entorno controlado que posibilite aprender y realizar los ajustes necesarios, transferir el conocimiento para el despliegue completo a las personas clave de la compañía y medir el impacto en resultados.

## Guía de la experiencia *(culture book)*

Es un documento de referencia para la compañía, puesto que define la experiencia y la participación de los profesionales, estableciendo una conexión directa entre la estrategia de la empresa y el día a día de las personas. Por consiguiente, debe ser el ADN de la organización traducido en directrices, referencias, actitudes y comportamientos para los empleados.

¿Quiénes son los protagonistas? En primer lugar, el cliente, por ser la razón de ser de la compañía, quien da sentido a la actividad del negocio, y en segundo lugar, el trabajador, por ser quien marca la diferencia ante el cliente, porque sus decisiones, delante o no de este, tienen una repercusión muy alta en él.

Se trata de una guía preparada para la batalla, no para ser guardada. Y si el formato práctico es importante, el contenido aplicable al día a día aún lo es más. Estos son los pasos para elaborar una guía de la experiencia:

1. **Obtener la visión cliente.** Incluye: comprender las expectativas del cliente, comprender diferentes arquetipos de clientes y sus necesidades y objetivos e identificar la experiencia esperada.
2. **Establecer el papel de las personas.** Abarca: mapear los roles en la relación con el cliente, definir el papel de cada rol en interacciones y MOT e identificar mecanismos de apoyo necesarios para la entrega de la experiencia.
3. **Cocrear la guía.** Incluye el desarrollo entre todas las partes involucradas y el desarrollo iterativo.

4. **Desplegar las guías.** Abarca: sensibilización en la EX y la CX y de sus beneficios, explicación de cómo sacar el máximo partido a la estrategia de EX y al uso de la guía y despliegue de acciones para mantener viva y actualizada la cultura desarrollada.
5. **Iterar.** Supone incorporar nuevos contenidos adaptados a nuevas formas de gestionar la experiencia para obtener mayor comprensión del cliente.

Es importante que los empleados descubran su propósito y conecten con la razón de ser de su trabajo. Se trata de fortalecer la cultura de la compañía a través de estas actividades donde los empleados conecten gracias a su buen trabajo para generar entusiasmo y orientarles hacia el cliente. En resumen: poner en marcha ideas innovadoras para atraer y retener el talento y motivar, inspirar y hacer felices a los empleados.

## Programas para elegir a los embajadores internos de la experiencia

La implementación de programas para involucrar a los equipos y que sean embajadores de la marca promueve la propagación de la cultura de manera más auténtica y orgánica, y esto a su vez genera la experiencia deseada en los clientes. Los empleados comprometidos creen en la filosofía de la marca, están dispuestos a hacer un esfuerzo adicional para asegurar que se cumple la experiencia de la marca con los clientes y aportan soluciones creativas para superar los desafíos.

Michael W. Lowenstein definió en 2011 a los embajadores de la marca en su obra *The Customer Advocate and The Customer Saboteur: Linking Social Word-of-Mouth, Brand Impression and Stakeholder Behavior* (Lowenstein, s. f.). Los embajadores son los empleados más positivos y activos en los equipos de trabajo y en la empresa, los que realmente hacen que esta logre las metas y crezca. Al igual que la CX constituye una estrategia diferencial y una ventaja competitiva decisoria para las compañías, la EX y los programas de Employee *Advocacy* y de marca de empleador *(employer branding)* resultan cada vez más relevantes, debido principalmente a tres aspectos críticos en la gestión de personas: la atracción del talento (el talento que la organización necesita incorporar), la implicación de las personas y la retención del talento.

## Gamificación y empoderamiento *(empowerment)*

El diseño de programas de gamificación basados en empoderar a los empleados ayuda a implicar a los equipos y a desarrollar habilidades de liderazgo, trabajo colaborativo y creatividad en un ambiente distendido que influirá en la obtención de mejores resultados y trabajadores más felices:

- **Juegos y dinámicas para potenciar las relaciones entre los empleados.** Potenciar la conectividad entre compañeros y departamentos ayuda a crear relaciones de mayor calidad y a mejorar los niveles de felicidad y productividad en el trabajo. Existe una correlación directa entre la felicidad y la tendencia a tener relaciones personales interesantes y satisfactorias. Tener amigos en el trabajo y estar conectado con los compañeros está positivamente correlacionado con la motivación y el compromiso.
- **Juegos virtuales para capacitar a los empleados o juegos de entrenamiento digitales *(digital training games)*.** Con el apoyo en la tecnología se pueden crear aplicaciones *(apps)* o juegos virtuales para enseñar de forma didáctica y divertida los puntos detectados como críticos. Si se añaden al juego recompensas para los mejores y todo ello se relaciona con actividades reales en la compañía, se cumple con el triple objetivo: formar, divertir y fortalecer relaciones.
- **Espacio creativo *(creative space)*.** Constituye otra forma de promover estos objetivos y consiste en la creación de espacios dentro de la oficina para incentivar la diversión y la creatividad y donde los empleados puedan desconectar, jugar y relacionarse.

## Tecnología aplicada a la mejora de la Experiencia de Empleado

Como una manera de fomentar más colaboración y visibilidad dentro de las organizaciones, las empresas están haciendo evolucionar sus plataformas de redes de trabajo *(networking)* y herramientas sociales para ayudar a los trabajadores a conectar, colaborar en proyectos en curso, ofrecer tutoría *(mentoring)* y comparar experiencia.

Un ejemplo de tecnología aplicada a la mejora de la EX son los dispositivos conectados que podemos llevar puestos *(wereables)* que predicen conexiones significativas entre los empleados. Estos suben su trayectoria profesional, intereses y gustos a una plataforma, que les avisa a través de un código de colores de una pulsera cuando hay una conexión entre colaboradores.

Gracias a los programas de gestión de la relación con los clientes *(Customer Relationship Management* [CRM]), este tipo de tecnología ayuda, por ejemplo, a formar equipos de trabajo basándose en lo que cada uno puede aportar o comunidades internas según la coincidencia en gustos y aficiones.

## Metodología ágil *(agile)* aplicada a la Experiencia de Empleado

Tiene como objetivo principal la definición de equipos de trabajo multidisciplinares en los que se promueva la cultura de colaboración y compromiso entre todos los miembros del equipo para diseñar soluciones óptimas para mejorar la implementación de los proyectos.

El concepto *agile* no es algo novedoso para algunas funciones, pero sí para RR. HH. La aplicación en el mundo del trabajador contempla la posibilidad de romper con el pasado, con lo tradicional, y ayudar a crear proyectos que involucren de manera transversal a toda la empresa.

Las compañías deben crear su misión poniendo el foco en la experiencia del cliente y por ende a la del empleado, por lo que RR. HH. cobra un protagonismo organizacional, y las metodologías *agile* serán un acelerador en la implantación de proyectos demandados por los empleados. El actual contexto demanda adoptar una nueva visión en la que la gestión de los equipos ocupa un papel muy importante, lo que exige a su vez la gestión emocional derivada de estos cambios. De esta forma, es muy importante tener en cuenta que:

- La gestión del éxito y fracaso en los equipos requiere llevar a cabo un cambio en la forma de trabajar: establecer un nuevo entorno con diferentes sistemas de reconocimiento en el que el logro del equipo esté alineado con el reconocimiento individual.

- Para conseguir una mejor EX es importante adoptar nuevas estrategias y centrarse en el colaborador, en conocer qué le preocupa y le duele y cómo se puede incrementar su motivación e implicación.
- Resulta imprescindible explicar el motivo del cambio antes de efectuarlo y definir de nuevo la misión, la visión y los valores de la compañía desde el enfoque del empleado y del cliente.
- Es clave relacionar el puesto de trabajo con la misión de la organización en todas las fases de relación vividas por el empleado: desde su incorporación hasta su salida, hay que buscar los momentos clave de ese viaje y diseñar un plan de acción pensado para incrementar su productividad.
- Resulta básico identificar las necesidades de los colaboradores y traducirlas en información cuantitativa que permita tomar medidas basándose en posibles cambios o desviaciones.
- En los entornos *agile,* como en toda la estrategia de EX, es necesario pensar que todo se hace para obtener un ROI.
- Es fundamental involucrar y persuadir a la alta dirección convenciéndola de que la filosofía *agile* es una prioridad útil para conseguir los objetivos de la compañía.
- En estos entornos resulta muy importante fomentar la cultura del error: tener la libertad de cometer una equivocación y la capacidad para corregirla de manera muy ágil. Fomentar la cultura del error temprano ahorra costes y permite tomar decisiones correctas y detectar posibles fallos, algo fundamental para la alta dirección.

## 5. Análisis de personas *(people analytics)*: métricas, medición y retorno de la inversión de la Experiencia de Empleado

El análisis de personas es un método de investigación cuantitativo basado en datos que persigue analizar a las personas de una compañía. Con el resultado se realizará un análisis inteligente orientado a la mejora del colaborador con foco en conclusiones objetivas y representativas. Van den Heuvel y Bondarouk definen el análisis de personas en un estudio de 2017 como una identificación y cuantificación sistemática de las personas que impulsan los resultados de un negocio con el objetivo de tomar mejores decisiones (Van den Heuvel y Bondarouk, 2017).

El análisis de personas basa su estrategia en dos conceptos, macrodatos *(big data)* e inteligencia de negocios *(business intelligence)*, y se aplica a la mejora de la EX a través del conocimiento profundo de los colaboradores y cómo impactan sus interacciones con la empresa. El objetivo principal del análisis de personas es ayudar a gestionar mejor a los empleados y tomar las decisiones adecuadas que permitan impulsar la experiencia que viven durante todo el ciclo de vida de su relación y, en consecuencia, el éxito de la organización.

La información que se extrae de las distintas herramientas que conforman el sistema de análisis de personas se presenta en forma de gráficos y tablas siempre que el *dashboard* como parte del modelo de medición ofrezca información comprensible, rigurosa y accionable.

La construcción de una cultura basada en datos requiere un cambio organizativo completo y un plan de gestión del cambio ya que las métricas habituales del departamento de RR. HH. no responden a preguntas estratégicas sobre experiencia, motivaciones, habilidades o capacitación de las personas contratadas.

## Métricas y medición de la Experiencia de Empleado

Un modelo adecuado de medición se compone de herramientas y métricas para que el análisis de personas esté al servicio de la mejora real de la EX. Para medir el compromiso de los empleados y ver el impacto que produce la mejora de su experiencia en el ROI de la empresa, existen varios indicadores, entre los que destacan el índice de recomendación del empleado (*employee Net Promoter Score* [eNPS]), el índice de esfuerzo del empleado (*employee Effort Score* [eES]), el índice Temkin de compromiso de los empleados (*Temkin Employees Engagement Índex* [TEEI]) o la encuesta de felicidad *(The happiness survey)*.

Las claves para seleccionar las métricas para la medición de la EX son:

- Que sean accionables.
- Que se correlacionen con mejoras medibles y tangibles.

- Que resulten reales y perceptibles por parte del empleado.
- Que tengan una interpretación comprensible por todos en la compañía.
- Que ofrezcan datos fiables y fáciles de interpretar.

Los indicadores son los siguientes:

- **eNPS.** Índice creado en 2003 a partir de su homólogo dirigido a clientes, NPS, registrado por Frederick F. Reichheld, Bain y Company y Satmetrix. Se calcula a partir de una única pregunta: ¿cuál es la probabilidad de que recomiendes a un amigo o familiar esta empresa para trabajar? La respuesta se obtiene restando al porcentaje de empleados detractores el porcentaje de promotores (*The One Number You Need to Grow*, s. f.).

**Gráfico 6.11.** Cálculo de la métrica eNPS

eNPS = % PROMOTORES - % DETRACTORES

Esta es la primera pregunta que debe aparecen en la encuesta que se envía a los empleados. Además, hay otras cuestiones que se han de considerar en el uso de estas métricas, como la involucración de los gerentes y altos cargos para impulsar la relevancia de la VoE en la organización y hacer visibles los resultados y la correlación con el impacto en la CX que tiene la eNPS.

Basándose en esta pregunta, los colaboradores contestan de 0 a 10, donde 0 es «Nada recomendable» y 10, «Totalmente recomendable»:

- Los colaboradores que puntúan entre 0 y 6 se denominan «Detractores» porque está estudiado que proactivamente hablarán mal de la compañía.

- Los que puntúan 7 u 8 se llaman «Pasivos» porque no hablarán proactivamente ni bien ni mal de la empresa.
- Los que puntúan 9 o 10 son los «Promotores» porque hablarán proactivamente muy bien de la organización.

Sobre los resultados de este indicador resulta interesante construir un modelo conversacional que posibilite que el programa de VoE sea un generador de *engagement* e impacto en el negocio y no solo un gasto para la compañía.

De esta forma las respuestas pueden servir para entablar conversación y obtener *insights* de valor tanto de detractores como de neutros y promotores.

A un detractor se le debe ofrecer la opción de profundizar en su problema y tratar de ayudarle; no se puede cerrar esa conversación con un simple «gracias». Un detractor supone una oportunidad para reconvertir una mala experiencia en un momento *wow* e identificar un momento de dolor que se ha de evitar en la relación con los colaboradores.

Por otra parte, existen tres tipos de índices de recomendación, complementarios entre sí, que pueden utilizarse para transformar la organización:

1. **eNPS relacional.** Es una medición global de la relación en conjunto con la empresa. Las encuestas no se lanzan como consecuencia de ninguna interacción con el colaborador.
2. **eNPS transaccional.** Recoge el *feedback* del colaborador sobre lo que ocurre específicamente en las interacciones que tiene con la organización.
3. **eNPS punto de referencia *(benchmark).*** Se emplea para comprender el desempeño y el posicionamiento estratégico en el mercado desde la perspectiva de este.

La clave para conseguir que los colaboradores contesten de forma habitual a las encuestas consiste en disminuir su esfuerzo al máximo; por ello hay que minimizar el número de preguntas y realizar solo las necesarias para alcanzar el objetivo deseado.

- **eES.** Generado a partir del concepto de la puntuación de esfuerzo del cliente *(customer effort score),* lo desarrolló Corporate

Executive Board (CEB Global, ahora Gartner). En 2010 Matthew Dixon, Karen Freeman y Nicholas Toman publicaron un artículo en *Harvard Business Review* (HBR) titulado *Stop Trying to Delight Your Customers* en el que desgranaban las claves de este indicador (*Stop Trying to Delight Your Customers*, s. f.). Su homólogo para empleados, el eES, se basa en medir y tratar de reducir el esfuerzo que los empleados deben hacer para relacionarse con una compañía y está relacionado con factores organizacionales como procesos, herramientas, etc., que pueden dificultar al trabajador un desempeño personal y profesional eficiente. Para obtener el eES se puede utilizar la pregunta: ¿La empresa me facilitó el desempeño de mis tareas diarias? y se calcula: *Botton* 3 (1-3) – *Top* 2 (6 y 7).

**Gráfico 6.12.** Cálculo de la métrica eES

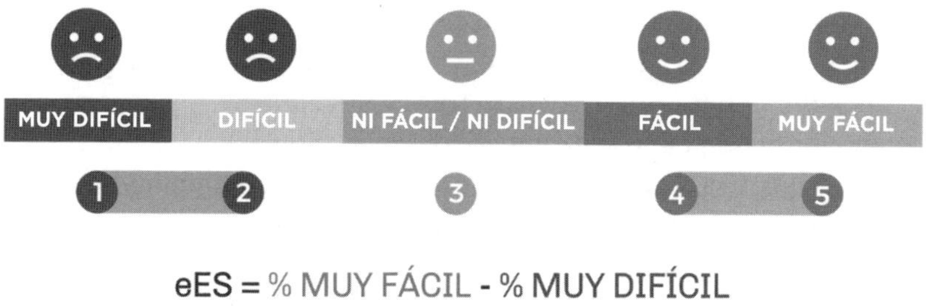

MUY DIFÍCIL
DIFÍCIL
NI FÁCIL / NI DIFÍCIL
FÁCIL
MUY FÁCIL
1
2
3
4
5
eES = % MUY FÁCIL - % MUY DIFÍCIL


La idea subyacente radica en la capacidad de las compañías para generar una óptima EX disminuyendo su esfuerzo al relacionarse con ellas. Cuando la empresa dificulta que los empleados realicen su trabajo de manera adecuada, se traduce en la experiencia que brindan a los clientes. Incluso si la tarea que el empleado está tratando de hacer no está directamente relacionada con un cliente y su experiencia, la frustración que evoca el esfuerzo se manifestará de alguna manera en la interacción trabajador-cliente.

Indicadores como el eES ayudan a dar respuesta a preguntas de gran relevancia dentro de la estrategia de EX y de CX: ¿qué impide que los empleados brinden la experiencia que quieres que vivan los clientes? ¿Cómo podemos simplificar los flujos de trabajo y los procesos? ¿Cómo podemos facilitar que los empleados hagan lo que les pedimos que hagan? ¿Qué complejidades, complicaciones y burocracia podemos eliminar?

El eES incorpora el punto de vista de los trabajadores al proceso de mejora continua de la organización y monitorea lo fácil o difícil que resulta para un empleado hacer su trabajo de manera eficiente y autónoma con los procesos y herramientas de gestión disponibles. El eES se debe referir directa y concretamente a un proceso específico o a una parte de él y constituye una fuente información potente para detectar áreas de oportunidad en la búsqueda de la agilidad organizacional. Se trata de un indicador versátil, pues se puede adaptar a miradas genéricas sobre la EX pero también a temas específicos. Dependiendo de los objetivos que se definan, podemos medir el eES para un proceso o para parte de él con tanto nivel de *zoom* como se requiera.

- **TEEI.** Creado para ayudar a las empresas a comprender cómo la fidelidad de los empleados afecta a la CX y cuáles son los efectos en el resultado de negocio, se basa en el grado en el que los empleados están de acuerdo con tres afirmaciones:
  1. Entiendo la misión general de mi empresa.
  2. Mi compañía solicita mi opinión y actúa en función de ella.
  3. Mi empresa me brinda la capacitación y las herramientas que necesito para tener éxito.

**Gráfico 6.13.** Cálculo de la métrica TEEI: *Temkin Employee Engagement Index*

| Completamente en desacuerdo | | | Neutral | | | Completamente de acuerdo |
|---|---|---|---|---|---|---|
| (1) | (2) | (3) | (4) | (5) | (6) | (7) |

Entiendo la misión general de mi compañía.
Mi compañía pide mi opinión y actúa sobre mi *feedback*.
Mi compañía me provee de la formación y las herramientas para alcanzar el éxito.

Total:

La puntuación final define el nivel de compromiso de los empleados:

- 19 a 21: Nivel alto de compromiso
- 16 a 18: Nivel moderado
- 13 a 15: Nivel bajo
- 12 o menos: No comprometido

- **Sentimiento del empleado hacia la empresa (StEX).** Basado en el modelo de Russell y desarrollado por Buljan y Partners, describe el sentimiento global actual del empleado con la compañía y se evalúa con la pregunta: ¿qué sentimiento refleja mejor cómo se sienten actualmente los empleados con su empresa? Las posibilidades de valoración son diez opciones: feliz, comprometido, motivado, satisfecho, indiferente, decepcionado, frustrado, aburrido, estresado y enfadado. StEX corresponde a la medición del sentimiento del empleado en relación con la experiencia en general o por puntos de contacto. Sirve para medir la valoración del mapa de viaje del empleado («StEX Employee Sentiment», s. f.).

**Gráfico 6.14.** Cálculo de la métrica StEX

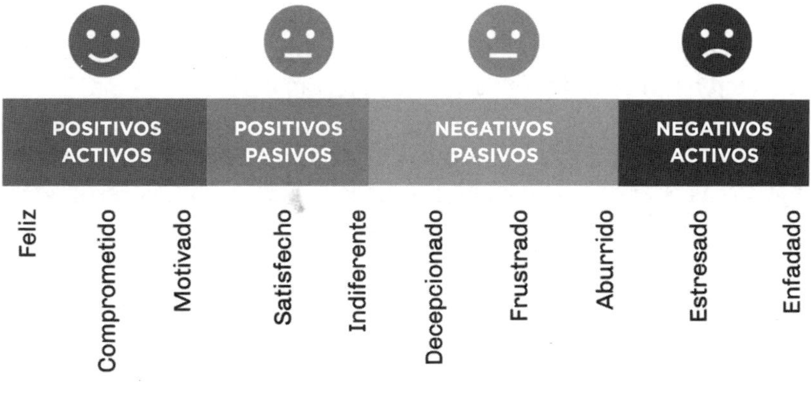

- **HR Effort.** Es el índice de esfuerzo de la compañía por mejorar la experiencia de sus empleados. Se valora en escala del 1 al 10 a la pregunta: ¿crees que tu empresa se esfuerza por mejorar tu experiencia como empleado?

Existen otros KPI que pueden ayudar a medir la EX en las organizaciones, como el índice de fidelización de empleados, el de bajas laborales, absentismo y grado de asistencia o el de participación en las acciones organizadas dentro de la empresa.

## Retorno de la inversión de la Experiencia de Empleado

Un modelo económico de la EX ayuda a tomar las mejores decisiones en el menor tiempo posible alineando operación, experiencias y resultados. Gestionar la economía de la experiencia correlacionando la inversión en EX con los resultados de negocio permite que se visualice la importancia desde el punto de vista económico de invertir en la mejora constante de la EX. El modelo económico de la experiencia ayuda a detectar y analizar los comportamientos de los empleados que se produzcan como consecuencia de su experiencia con la compañía y que impactan en la cuenta de resultados.

Las experiencias excepcionales tienen la capacidad de influir de forma directa sobre los resultados económicos de la experiencia, pero también las experiencias detestables. Hay que desarrollar un modelo que permita realizar un seguimiento adecuado detectando desviaciones o cambios en la CX que afectan al ROI.

Para conseguir impactar en los resultados de negocio y que la EX sea una gran ventaja competitiva, se deben seleccionar los indicadores más adecuados y establecer su correlación con los resultados económicos.

**Gráfico 6.15.** Impacto del eNPS en los resultados

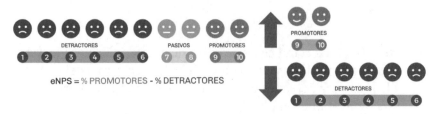

- Evolución positiva del eES. Disminución del esfuerzo en nuevas experiencias rediseñadas.

**Gráfico 6.16.** Impacto del eES en los resultados

eES = % MUY FÁCIL - % MUY DIFÍCIL

- Evolución positiva de la intención de permanencia como empleado de la compañía. Mejorar la retención del talento con los consecuentes ahorros en costes por rotación, nuevos procesos de selección y formación, curvas de aprendizaje, etc.

> Ahorro en permanencia

< Gasto en *onboarding*

# 4. Matriz de correlación de herramientas de Experiencia de Empleado según el modelo Onda del Empleado

Como resumen de las herramientas para diseñar, gestionar y optimizar la Experiencia de Empleado, se crea la siguiente matriz de correlación de herramientas versus la Onda del empleado, es decir, de todas las metodologías analizadas en el capítulo actual, cual es la su ubicación en cada 'E' de la Onda del empleado.

**Gráfico 6.17.** Matriz de correlación herramientas versus
Onda del empleado

| Tipología | Herramienta | Onda del Empleado |
|---|---|---|
| Herramientas de diagnosis de la EX | Mapa de cultura | Escucha y enfoque |
| | Evaluación del modelo de EX | Escucha y enfoque |
| | Modelo de medición de VoE | Escucha y extensión |
| | Arquetipos del empleado | Escucha |
| | Viaje del empleado | Escucha |
| Herramientas de diseño de la EX | Pensamiento de diseño o *Design thinking* | Enfoque y extensión |
| | Diseño emocional de interacciones o *emotional interaction design y emotional design canvas* | Enfoque |
| | Lienzo de diseño cultural | Enfoque y extensión |
| | Mapa de empatía | Enfoque |
| | *Blueprint* | Enfoque |
| Herramientas de implantación de la EX | Guía de la experiencia | Extensión y excelencia |
| | Programas para elegir a los embajadores internos de la experiencia | Extensión y entusiasmo |
| | Gamificación y empoderamiento del empleado | Extensión y entusiasmo |
| | Tecnología aplicada a la mejora de la EX | Extensión |
| | Metodología ágil aplicada a la EX | Extensión |
| Análisis de personas: métricas, medición y ROI de la EX | Medición de la EX | Escucha y extensión |
| | ROI de la EX | Enfoque y excelencia |

# EPÍLOGO

En la era actual del bienestar, la colaboración, la digitalización y el propósito, se observa un cambio social profundo en el que la voz de cada individuo cobra más y más importancia.

Lo venimos apreciando desde hace años en una corriente donde las empresas nos volcamos en escuchar y recopilar la voz del cliente y en priorizarlo y enmarcarlo en el centro de cada decisión o estrategia. Pero el empoderamiento del cliente, que nace de una necesidad de interacción con las marcas, va mucho más allá, pues reclama un papel más activo y capacidad de impacto; en definitiva, pide ser un actor más en la creación de valor en los modelos de negocios actuales.

La pandemia, además, ha tenido una influencia trascendental en todos y cada uno de nosotros, de forma que hemos ajustado nuestras prioridades. Así, ahora prestamos mayor atención a lo que consideramos importante en la vida, apreciamos de otra forma los pequeños detalles e incluso —me atrevería a decir— se abre una puerta a un mayor nivel de conciencia de nosotros mismos, en el que el cuidarse o sentirse bien cobra cada día más peso.

Y es que esta nueva era del bienestar tiene como núcleo central dos palabras: sentir y experiencia. Un buen ejemplo lo vemos en el sector del lujo, donde antes lo que se buscaba era tener «la propiedad de productos únicos y exclusivos», mientras que hoy se abre paso el deseo de «disponer de tiempo para vivir experiencias únicas». Y es que hacer sentir y tocar el corazón de las personas se convierte en la base de cualquier experiencia, y la experiencia, en el motor de cambio y motivación de las personas.

Experiencia de Empleado (EX) y Experiencia de Cliente (CX). En ocasiones me pregunto si no habría tenido más sentido empezar hablando hace años de la EX incluso antes que de la CX, o al menos a la vez. ¿No hubiera sigo más orgánico? En cualquier caso, actualmente es ya una inquietud para gran parte de las empresas. La EX adquiere papel protagonista en la agenda de las organizaciones como prioridad en la búsqueda de eficiencia, innovación, creación de nuevo valor y colaboración.

Por ello, el momento actual requiere un cambio en el estilo de liderazgo. Una mayor humanización en la gestión puede marcar la diferencia en el crecimiento y la sostenibilidad de las compañías, ya que este entorno de tanta incertidumbre y cambio parece que pide a gritos creatividad y eficiencia desde la diversidad de pensamiento, ideas, perspectivas o experiencias.

Los entornos altamente colaborativos y diversos tienen una base común: la empatía. Y esta precisa ámbitos seguros y de confianza donde los empleados sientan la libertad de mostrarse en esencia, donde exista una comunicación abierta y puedan expresarse con plena libertad; en definitiva, se necesita generar entornos de confianza que potencien el empoderamiento del trabajador desde la libertad como pilar fundamental en la cultura de las organizaciones.

Y una última reflexión. Puede llegar a parecer natural aplicar las tendencias del mercado en la gestión de personas, y en ese caso la personalización será clave. Si el marketing de hoy en cuanto a lo relacional pasa por la personalización en todas y cada una de las actividades de gestión de la relación con el cliente (CRM), igual es hora también de utilizar el mismo enfoque cuando hablamos de EX.

En este apasionante cambio tenemos la responsabilidad de contribuir; en mi opinión, se trata de una muy positiva evolución que debemos trabajar siempre desde la base de la cultura propia de cada empresa.

A partir de ahora las organizaciones estaremos cada vez más implicadas en crear para nuestros empleados experiencias memorables que den sentido a su trabajo, tarea que no solo dependerá de los departamentos de RR. HH., sino de cualquier profesional que tenga personas a su cargo.

En ese empeño tendremos una fuente constante de inspiración en este libro, escrito con el convencimiento de que escuchar a los empleados como escuchamos a los clientes y valorar a aquellos como valoramos a estos serán las claves que diferenciarán a unas compañías de otras en el futuro inmediato porque nos ayudarán a construir empresas más humanas y, por ello, más relevantes y valiosas.

Mar Pieltain
Directora de Lexus España

# BIBLIOGRAFÍA

## Marco de referencia

Damiano S. (2011). *Implícame*. Gestión 2000.

Meister J. C. y Mulcahy K. J. (2017). *The future workplace experience*. McGraw-Hill Education.

Luna R. (2018). *Gestión del talento*. Pirámide.

Heskett J. L., Jones T. O., Loveman G. W., Sasser W. y Schlessinger L. (1994). «Putting the Service-Profit Chain to Work». *Harvard Business Review, 72*. p. 164-174.

Meyer J. y Allen N. (1991). «A three-component conceptualization of organizational commitment». *Human Resources Management Review, 1*. p. 61-89.

Bock L. (2017). *La nueva fórmula del trabajo*. Conecta.

Hillier-Fry C. y Aguilar J. (2006). *En busca del compromiso*. Almuzara.

Laloux F. (2017). *Reinventar las organizaciones*. Arpa.

Pink D. (2010). *La sorprendente verdad sobre lo que nos motiva*. Gestión 2000.

VV. AA. (2017). *La experiencia de cliente rentable*. Asociación DEC.

Morgan J. (2017). *The Employee Experience Advantage*. John Wiley and Sons.

Ulrich D. (1999). *Human Resources Champions*. Granica.

Calleja R., Méndez E. y Rojo P. (2019). «La Experiencia de Empleado: cuando el cliente también es interno». *Harvard Deusto Business Review, 291*. p. 52-66.

GALLUP (2021). *State of the Global Workplace.* www.gallup.com. https://www.gallup.com/workplace/349484/state-of-the-global-workplace.aspx

ADP RESEARCH INSTITUTE (2020). *Global Workplace Study 2020.* www.adpri.org. https://www.adpri.org/assets/global-workplace-study/

AON (2016). *Managing Millennials: Changing Perspectives for a Changing Workforce.* www.asia.aonhumancapital.com https://www.asia.aonhumancapital.com/home/resources/thought-leadership/managing-millennials-changing-perspectives-for-a

TEMKIN B. (2008). *The 6 Laws Of Customer Experience.* https://experiencematters.wordpress.com/2008/07/22/free-book-the-6-laws-of-customer-experience/

*Transformación digital: los empleados hacen que el 84 % de las empresas fracase* (2019). *La información.* www.lainformación.com https://www.lainformacion.com/management/transformacion-digital-empleados-hacen-que-84-empresas-fracase/6504642/

ASOCIACIÓN DEC Framework: Onda del Empleado. www.asociaciondec.org https://asociaciondec.org/la-onda-del-empleado/

PELSTER B., SCHWARZ J. y VAN DER VYVER B. DELOITTE (2017). *Rewriting the rules for the digital age.* www2.deloitte.com https://www2.deloitte.com/us/en/insights/focus/human-capital-trends/2017/introduction.html

*HARVARD BUSINESS REVIEW* (2015). *93* (julio-agosto 2015).

## Capítulo 1. La escucha

*2020 Global Employee Experience Trends* (2020). Qualtrics.

DEC/BAIN & COMPANY (2021). *I Edición del Informe de Experiencia de Empleado.*

MORGAN J. (2021). *The Employee Experience Index Rankings. Top Experiential Organizations.*

KIM E. (30 de marzo de 2018). «Amazon Employees start their day by answering a simple question about work». *CNBC.*

LEIFER L., PLATTNER H. y MEINEL C. (editores) (29 de enero de 2013). *Design Thinking: Understand - Improve - Apply (Understanding Innovation).* Paperback.

WRZESNIEWSKI A. y DUTTON J. E. (2021). *Crafting a Job: Revisioning Employees as Active Crafters of Their Work.* Academy of Management Review.

## Capítulo 2. El Enfoque

*The Next Great Disruption Is Hybrid Work—Are We Ready?* (s. f.). https://www.microsoft.com/en-us/worklab/work-trend-index/hybrid-work

*Building Business Value with Employee Experience* (s. f.). MIT CISR. https://cisr.mit.edu/publication/2017_0601_EmployeeExperience_DerySebastian

HAMEL G. y BREEN B. (2007). *The Future of Management.* Harvard Business School Press.

MORGAN J. y GOLDSMITH M. (2017). *The Employee Experience Advantage: How to Win the War for Talent by Giving Employees the Workspaces they Want, the Tools they Need, and a Culture They Can Celebrate.* Wiley.

MORGAN J. *The Employee Experience Index Rankings.* Top Experiential Organizations. Recuperado. https://thefutureorganization.com/employee-experience-index/

GITTELL J. H. (2005). *The Southwest Airlines Way.* McGraw-Hill.

FREIBERG K. y FREIBERG J. (1998). *Nuts!: Southwest Airlines' Crazy Recipe for Business and Personal Success.*

## Capítulo 3. La extensión

ARISTÓTELES (s. f.). *Física,* Libro IV.

ARISTÓTELES (1981). Ética a Nicómaco. Centro de Estudios Constitucionales.

BARTLE R. (1996). *Players Who Suit MUDs.*

DEC/BAIN & COMPANY (2021). *I Edición del Informe de Experiencia de Empleado.*

GARCÍA E. (s. f.). Frases inspiradoras de experiencia de empleado. El blog de Eric García.

DEL VALLE E. (s. f.). *Steve Jobs y 12 reflexiones para la inspiración.* socialmediaycontenidos.com

GÓMEZ HORTAL S. E. (2021). *The World of Mapfre.* https://www.elmundodemapfre.com/en/2021/07/06/solo-cuando-tenemos-la-mejor-experiencia-podemos-dar-lo-mejor-de-nosotros-mismos/

McGONIGAL J. (2012). *Reallity is Broquen.* Penguin.

ORTEGA PARRA A. (2013). *Ajuste entre la cultura corporativa formulada y percibida por los empleados y su impacto en el compromiso organizacional.* Universidad Nebrija.

ORTEGA Y GASSET (1932). *Historia como sistema.*

ORTEGA Y GASSET (1942). «Ideas y creencias». *Revista de Occidente.*

RANDHAWA J. (2020). *The Bright Idea Box.* Aviva Publishing.

RODRÍGUEZ ARZÚA V. (2020). *Propósito y valores.* Profit.

SCHEIN E. (2016). *Organizational Culture and Leadership.* NY Wiley.

SCOLARI C. (2013). *Narrativas transmedia.* Deusto.

SINEK S. (2009). *How Great Leaders Inspire Action.* https://www. ted.com/talks/simon_sinek_how_great_leaders_inspire_ action?language=es

VILLARROYA Ó. (2019). *Somos lo que nos contamos.* Ariel.

WITTGENSTEIN L. (1953). *Investigaciones filosóficas.*

## Capítulo 4. El entusiasmo

APPELO J. (2010). *Management 3.0: Leading Agile Developers, Developing Agile Leaders.*

BROWN T. (2019). *Change by Design.* Revised and Updated edition.

GALLUP G. (2019). *The manager experience: Top challenges and perks of manager's.*

GARTNER (2018a). *Gartner Digital Employee Experience Survey.*

GARTNER (2018b, 30 de julio). *Gartner Says Customer Experience Pyramid Drives Loyalty, Satisfaction and Advocacy.* Gartner. https:// www.gartner.com/en/newsroom/press-releases/2018-07-30-gartner-says-customer-experience-pyramid-drives-loyalty-satisfaction-and-advocacy

https://www.ajaydubedi.com/featured/what-is-the-salesforce-1-1-1-model/

HYDER B. (2021). «5 ways the future of work can make our lives better». *World Economic Forum. The Davos agenda.* https://www.weforum. org/agenda/2021/01/5-ways-the-future-of-work-will-about-the-employee/

IBM Smarter Workforce Institute (2017). *The Employee Experience Index. A new global measure of a human workplace and its impact.*

MASLOW A. H. (1943). «A theory of human motivation». *Psychological Review.*

MASLOW A. H. (1981). *Motivation and Personality.* Prabhat Books.

MAYLLET T. y WRIDE M. (2017). *The Employee Experience. How to Attract Talent, Retain Top Performers, and Drive Results.* John Wiley and Sons. Hoboken, New Jersey.

McGREGOR D. (2001). *El lado humano de las organizaciones.*

MORGAN J. (2017). *The employee experience advantage. How to win the war for talent by giving employees the workspaces they want, the tools they need, and a culture they can celebrate.* Wiley.

PINK D. (s. f.). *La sorprendente ciencia de la motivación.* https://www.ted.com/talks/dan_pink_the_puzzle_of_motivation/transcript?language=es

SCHEIN E. (2004). *Organizational Culture and Leadership.* Jossey-Bass.

SINEK S. (s. f.). *How great leaders inspire action.* https://www.ted.com/talks/simon_sinek_how_great_leaders_inspire_action

TAY L. y DIENER E. (2011). «Needs and subjective well-being around the world». *Journal of Personality and Social Psychology, 101.* p. 354-365.

TOFFLER A. (1981). *The Third Wave.*

VALDEOMILLOS C. (29 de junio de 2021). «La experiencia del cliente y la del empleado están más conectadas que nunca». *MCPRO.* https://www.muycomputerpro.com/2021/06/29/bret-taylor-presidente-coo-salesforce

WAHBA M. A. y BRIDWELL L. G. (1976). «Maslow reconsidered: A review of research on the need hierarchy theory». *Organizational Behavior and Human Performance, 15.* p. 212-240.

WHITTER B. (2019). *Employee Experience. Develop a happy, productive and supported workforce for exceptional individual and business performance.*

## Capítulo 5. La excelencia

ATREVIA. (s. f.). *Generación Z /.* Recuperado 4 de octubre de 2021, de https://www.atrevia.com/generacion-z/

BROWN, R. (1977). *An introduction to applied behavioral analysis in occupational safety.*

EL REFUERZO ¿Para qué sirve en la empresa? (2015, junio 23). *Blog BH Consulting.* https://www.bhconsulting.es/blog/el-refuerzo-para-que-sirve-en-la-empresa/*Felicidad y Trabajo.* (2012). Consultora Crecimiento Sustentante.

HOROWITZ, B. (2014). *The Hard Thing About Hard Things: Building a Business When There Are No Easy Answers.*

RRHHDigital. (2019). *El salario emocional, ¿el nuevo hándicap de las empresas?* http://www.rrhhdigital.com/secciones/compensacion/139260/El-salario-emocional-el-nuevo-handicap-de-las-empresas?target=_self

SKINNER, B. F. (1938). *La Conducta de los Organismos.*

## Capítulo 6. Herramientas

PAUL EKMAN GROUP (9 de mayo de 2016). *Atlas of Emotions Press Release.* https://www.paulekman.com/blog/atlas-emotions-press-release/

*Encuesta de felicidad* (s. f.). Recuperado el 29 de julio de 2021 de https://www.happiness-survey.com/

GRAY D (s. f.-a). *Game Storming.*

GRAY D. (s. f.-b). *The connected Company.*

RAZZETTI G. (s. f.). *How to Use The Culture Design Canvas—A Culture Mapping Tool.* Recuperado el 29 de julio de 2021 de https://fearlessculture.design/blog-posts/the-culture-design-canvas

LOWENSTEIN M (s. f.). *Customer Advocate and the Customer Saboteur Linking.*

OSTERWALDER A. (s. f.). *Business model Generation.*

StEX Employee Sentiment (s. f.). *Buljan and parnerts.* Recuperado el 29 de julio de 2021 de https://buljanandpartners.com/en/ccm/stex-employee-sentiment/

*Stop Trying to Delight Your Customers* (s. f.). Recuperado el 29 de julio de 2021 de https://hbr.org/2010/07/stop-trying-to-delight-your-customers

*The One Number You Need to Grow* (s. f.). Recuperado el 29 de julio de 2021 de https://hbr.org/2003/12/the-one-number-you-need-to-grow

VAN DEN HEUVEL S. y BONDAROUK T. (2017). «The rise (and fall?) of HR analytics: A study into the future application, value, structure, and system support». *Journal of Organizational Effectiveness: People and Performance*, 4(2). p. 157-178. https://doi.org/10.1108/JOEPP-03-2017-0022

# COORDINADORES

**Jesús Alcoba** es el director de la escuela de negocios La Salle en Madrid. Autor de ocho libros y coautor de otros quince, ha sido dos veces TEDx Speaker y es uno de los TOP100 conferenciantes Thinking Heads. Doctor en estrategia, cursó su MBA en Madrid y Nueva York. Es además máster en Psicología y en Coaching. Es responsable de Experiencia de Empleado en la junta directiva de la Asociación para el Desarrollo de la Experiencia de Cliente (DEC). Ha publicado numerosos artículos científicos y colabora habitualmente con diversos medios.

**Lola Mora** es directora de la Universidad Corporativa de la escuela de negocios La Salle en Madrid. Tiene más de veinte años de experiencia en el ámbito de la formación de profesionales apoyando la estrategia y la cultura empresariales a través del desarrollo de programas de formación. Su labor comprende desde la identificación de necesidades específicas hasta el diseño y la elaboración de soluciones de *upskilling* y *reskilling* para directivos, mandos medios y, en general, profesionales de empresa.

# AUTORES

## Marco de referencia

**David Barroeta** es director de Personas en Opticalia. Ha desarrollado su labor como especialista y responsable de RR. HH. durante treinta años en compañías como Basf, Cortefiel y Sun Planet. Fue parte del equipo fundador de la Asociación DEC. Dirige el programa de Experiencia de Empleado de La Salle y colabora habitualmente como profesor con otras escuelas de negocio (IE Business School, EOI, Fundesem, etc.) donde imparte materias relacionadas con la gestión estratégica de personas, la implicación y el *engagement*.

## Capítulo 1. La escucha

**Sílvia Forés** es actualmente directora de RR. HH. del Hotel Mandarin Oriental Barcelona y presidenta del Foro de RR. HH. de Foment del Treball. Políglota, con dominio de seis idiomas, ha sido directora de RR. HH. en prestigiosas firmas de servicios profesionales y *headhunter*. Es colaboradora habitual en periódicos, conferenciante en prestigiosas escuelas de negocios y autora de los libros *Solo puede quedar uno. Diario de un proceso de selección* y *El empleado es el rey*.

## Capítulo 2. El enfoque

**Álvaro Vázquez** cuenta con una importante trayectoria profesional ligada a la gestión de personas. Ha ocupado múltiples puestos de responsabilidad en RR. HH. de grandes compañías, como Nielsen, Orizonia o Inditex, donde ocupó, entre otros cargos, la dirección de RR. HH. de Zara. Actualmente es el director de RR. HH. Iberia/Latam en Verisure Securitas Direct, miembro de la junta directiva de la Organización Internacional de Directivos de Capital Humano DCH y profesor en el Instituto de Empresa.

## Capítulo 3. La extensión

**Carlos Monserrate** es director de Tansformative Learning Solutions en Talent Solutions, Manpower Group. Está especializado en gestión de talento y en transformación cultural, donde gestiona la Experiencia de Empleado y la Experiencia de Cliente. En Bankia desempeñó la posición de director de Estrategia y Política de personas y de director de Clientes. Entre otros ha obtenido premios DEC a la implicación de empleados en CX y a la mejor estrategia de CX y el premio de IE a la innovación en RRHH.

## Capítulo 4. El entusiasmo

**Esther Poza** es experta en Experiencia de Empleado (EX) y *employer branding* con más de diez años de experiencia. Como responsable dentro del ámbito de Personas y Organización de Repsol, ha desarrollado e implantado estrategias de *employee value proposition* y EX. Ha impartido clases en diferentes escuelas de negocios y es participante activa en webinars sobre EX y *employer branding*. En la actualidad es responsable de Atención al Cliente del negocio de Electricidad y Gas de Repsol.

# Capítulo 5. La excelencia

**Ana Gómez** es responsable de comunicación de RR. HH. en SAP Spain. Licenciada en Periodismo con una amplia carrera en medios de comunicación, decidió reinventarse tras la crisis económica de 2008 para centrarse en la comunicación corporativa. En esta área se ha especializado en Experiencia de Empleado, comunicación interna y *employer branding*, poniendo un especial foco en el impulso de proyectos de diversidad e inclusión, tema que le apasiona y en el que se involucra al máximo.

**Alba Herrero** lleva veinte años dedicada al mundo de los RR. HH. tanto en el sector público como en el privado. Actualmente es directora de Recursos Humanos de SAP y tiene un amplio historial de trabajo en la industria cosmética y de *software*. Es experta en consultoría de RR. HH., compensación, emprendimiento, reclutamiento, desarrollo y habilidades de presentación ejecutiva. Reconocida experta en el área de Diversidad, Equidad e Inclusión, es vicepresidente de REDI.

# Capítulo 6. Herramientas

**José Serrano** es CEO, Chief Emotional/Executive Officer, de IZO en España. Es un apasionado evangelizador de la metodología de Experiencia de Cliente (CX) y de Experiencia de Empleado como estrategia diferenciadora. Es miembro de la junta directiva de DEC y de la junta de gobierno de AMKT, vicepresidente de la AEERC y director del Máster de CX de La Salle, entre otros cargos. Compagina su actividad como conferenciante y docente en las principales universidades y escuelas de negocio.